4차 산업혁명시대
누가 돈을 버는가

4차 산업혁명시대 누가 돈을 버는가

고용 없는 부의 창조시대가 온다

김정수 지음

U 중앙경제평론사

어제는 내일을 바라보는 거울이다(E. H. Carr)

그가 어떤 사람이었는지는 잘 모른다. 다만, 전하는 이 야기에 따르면 존 헨리(John Henry)는 미국 남북전쟁 직후 철도 공사를 하기 위해 산을 뚫는 일을 맡았던 단순노동자 중 한 명이었다. 말하자면 그는 강인한 육체를 가진 토목 공사 현장의 노동자였다.

어느 날 존 헨리가 일하는 공사 현장으로 증기로 작동하는 굴착기를 가지고 한 세일즈맨이 나타났다. 세일즈맨은 그 기계가 가장 힘센 사람보다 훨씬 더 일을 잘한다고 떠들어댔다. 존 헨리는 그 말을 듣고 참을 수가 없었다. 그래서 그 기계를 상대로 인간의 힘을 보여주겠다고 장담했다. 이튿날 인간과 기계의 역사적인 대결이 펼쳐졌다. 존 헨리와 증기 굴착기는 오른쪽과 왼쪽에서 각기 산을 뚫기 시작했다. 처음에는 기계가 앞서 나갔지만 곧 인간이 바짝 따라붙었다. 흙과 돌조각이 비 오듯 쏟아지는 중에 인간과 기계는 치열한 각축전을 벌였다.

대결이 종료되기 직전 존 헨리는 간발의 차이로 기계를 제치고 먼저 산을 뚫고 나왔다. 그를 응원하던 동료들이 환호성을 질렀다. 인간이 기계를 이긴 것이다. 그러나 존 헨리는 초인적인 힘을 소진하고 난 후 쓰러지고 말았다. 그리고 그 자리에서 숨을 거두었다.

이 이야기는 시대와 관련하여 들려주고 싶은 아주 괜찮은 이야기다. 육체의 힘만으로 기계와 싸워 이겨 전설처럼 회자되는 한 영웅의 스토리로서 한편으로는 장엄하지만 결국 새로운 시대 변화에 밀려난 슬픈 영웅의 이야기이기도 하다.

시간이 흘러감에 따라 사람의 취향도 바뀌어 간다. 직업과 직장의 세계에도 많은 변화 내지는 혁명이 일어나고 있다. 누구에게나 변화는 두렵고 미래는 불확실하다. 거센 변화의 시기에 잘 대처하는 일 자체도 쉽지 않다.

어느 시대에나 변화는 주요한 화두였지만 빠르게 다가오고 있는 최근의 4차 산업혁명 열풍은 더욱 그렇다. 마치 쓰나미처럼 산업계는 물론이고 정치·경제계 등 우리 주위의 모든 것을 휩쓸어 가고 있는 듯하다. 당연히 혼란스럽다. 이러한 때 우리는 무엇을 준비해야 미래를 성공적으로 맞이할 수 있을까? 소용돌이치는 격변기에 어떻게 변화에 대처해야 할까? 분명한 것은 존 헨리 같은 방식은 아니라는 것이다.

변화의 시점에 잘 적응하고 성공하는 사람은 미래에 대응하는 방식에서도 공통점이 있다. 그런 점을 찾아 4차 산업혁명기에 적용하면 큰 시행착오를 겪지 않고도 대응책을 찾을 수 있지 않을까? 이것이 바로 이 책에서 여러분과 나누고자 하는 내용이다.

큰 유행에 걸맞게 수많은 세미나와 포럼에서도 4차 산업혁명이 포함되지 않으면 이상할 정도로 대단한 열풍을 불러일으키고 있다. 4차 산업혁명에 대한 열띤 토론과 강의를 듣다 보면 자율주행 자동차가 길거리를 누비고 가상현실로 다양한 경험을 하며 인공지능(AI) 의사가 우리의 몸을 미리 체크하여 건강을 유지시켜 주는 꿈같은 현실이 곧 다가올 듯하다. 많은 학자들이 전망하듯 과연 4차 산업혁명으로 인한 멋진 신세계는 가능할까?

보통 사람들에게 4차 산업혁명의 이해는 쉽지 않다. 용어부터가 인공지능(AI), 자율주행, 사물인터넷(IoT), 가상현실, 증강현실, 드론 등등 쉽게 알 수도 없거니와 배우기도 힘들다. 더구나 이런 어려운 기술들이 제도를 바꾸고 사회를 바꾼다니 두려움까지 밀려든다.

이런 어려운 기술을 가지고 무엇을 혁신해야 할지 알 수 없으므로 개인이나 기업 입장에서 보면 정작 4차 산업혁명은 왜 필요한지도 알 수 없는 두려움의 대상일 뿐이다. 다만 '4차 산업혁명은 우리 모두에게 피할 수 없는 미래이며 인류 앞에는 이미 예측할 수 없는 새로운 패러다임의 시대가 펼쳐져 있고 주요 산업 및 일자리에서도 큰 변화를 맞을 것'이라는 점에는 누구나 동의한다.

누구나 미래를 걱정한다. 그리고 그 걱정의 중심에는 돈이 있다. 돈을 만들기 위한 일자리 문제는 걱정의 수준을 넘어 공포로 다가온 지 오래되었다. 일자리 문제에 있어서 지속적인 트렌드를 꼽으라면 두 가지가 있는데 '정규직이 사라진다'는 것과 '기업이 정규직을 꺼린다'는 것이다. 일자리를 둘러싼 '게임의 룰(rule)'이 바뀌고 있는 것이다. 그 결과 '직업'이 사라지고 그 자리를 '일'이 차지하는 시대로 급속히 진행되고 있다. 이런 문제에 대해 힘들어하는 것은 어느 세대나 같지만 특히 젊은이들은 더 고통스럽다.

사람은 비록 현재는 힘들어도 꿈이 있다면 행복할 수 있다. 그러나 미래에 대한 불안감을 안고서 행복하기는 어렵다. 복잡한 데이터나 이론을 펼치지 않아도 현재 대한민국의 문제는 젊은이들이 꿈을 잃어간다는 것이다. 어떤 정부나 정책으로도 청년 실업이라는 난제를 풀지 못하므로 그들의 미래가 불안할 수밖에 없다.

젊은이들이 갈구하는 것이 돈 몇 푼이 아니라 꿈과 희망이기에 더욱 그렇다. 미래에 대한 희망만 있다면 당장의 어려움, 즉 쥐꼬리 연봉도 참을 수 있고 칼퇴근을 못해도 이겨 나갈 수 있다. 말하자면 미래가 보이는 일이라면 말려도 알아서 스스로 미친듯이 할 텐데 그것이 안 되니 답답할 뿐이다.

다행히 많은 학자들이 4차 산업혁명이 이런 구조적인 문제를 해결할 대안이 될 수 있다고 이야기한다. 예컨대 4차 산업혁명은 우리 모두에게 일자리 문제에 있어서도 큰 변화의 계기가 될 것이라고 예측한다. 4차 산업혁명은 단기적으로 유행처럼 왔다 가는 것이 아니라 말 그대로 세상을 바꾸는 일이라는 것이다.

그렇다! 4차 산업혁명은 우리 삶에 근본적인 변화를 가져올 만큼 중요하다. 더 의미가 있는 것은 이를 통해서 스스로 돈을 창조할 수 있으며 결과적으로 미래를 준비하는 것도 가능하다는 점이다. 그러나 정말 중요한 것은 세상이 어떻게 바뀌어도 '자신, 즉 내가 주인공이 되어야 한다'는 것이다. 이 부분에 아이디어를 제공하고자 하는 것이 이 책을 쓰는 이유다.

김정수

차 례

1장

"

돈 가득한
창고가
옮겨가고 있다

"

돈 가득한 창고가 옮겨가고 있다

　　지구상에서 가장 오랫동안 생존하고 번식해 온 주인공으로는 바퀴벌레와 쥐 그리고 개미 등이 꼽힌다. 이들은 잡식 동물로서 생태계와 생존 환경이 바뀌어도 그 환경에 바로 적응하는 특성을 갖고 있다. 기존에 있던 먹이가 사라지고 새로운 먹잇감이 등장해도 그 환경에서 오랜 기간 생존해 왔다. 환경 변화에 대한 민첩한 적응력 덕분에 멸종하지 않고 살아남을 수 있었던 것이다.

　　그들은 늘 먹었던 먹이에만 집착하여 변화의 흐름을 감지하지 못하는 우를 범하지 않는다. 변화에 민감하게 반응하고 대처하여 새로운 환경에서도 거뜬히 생존할 수 있었다. 다윈이 '종의 기원'에서 말한 대로 "이 세상에 살아남는 종은 가장 힘이 센 종도, 가장 지능이 높은 종도 아니라 변화에 가장 잘 적응하는 종이다"를 정확히 증명하는 사례다.

우리는 시시각각 역동적으로 변화하는 시대에 살고 있다. 이런 시대에는 누구나 '미래를 어떻게 준비해야 할 것인가'라는 주제를 두고 고민하게 된다. 지나치게 세계화되어 가는 세상과 날로 촘촘하게 얽혀 연결망이 높아지는 시대를 암울하게 바라보는 사람도 있으며 각도를 달리해 좀 더 밝은 면을 보려고 노력하는 사람도 있다.

중요한 것은 개인이 어떤 가치를 만들어내는가에 따라 삶의 양과 질이 크게 달라지는 시대를 살고 있다는 사실이다. 이는 곧 '나는 얼마만큼 경쟁력 있는 사람이 될 수 있는가' 고민하고 계획을 세우고 그에 맞는 노력을 해야 한다는 것을 의미한다. 결국 생존을 위해서는 변화의 흐름을 감지해야 하고 변화에 따른 적응력이 요구된다.

변화에 대한 대응을 이야기할 때 흔히 '나이아가라 증후군'을 말한다. 이는 대부분의 사람들이 나이아가라 증후군으로 명명된 삶을 살고 있다는 전제에서 출발한다. 나이아가라 증후군이란 다음과 같다.

자신이 어디로 향하며 어느 강변에 닿겠다는 구체적인 생각 없이 그저 인생이라는 강물에 뛰어들어 되는 대로 살다가는 어느 날 갑자기 물살이 빨라지면서 엄청나게 큰 폭포의 요동치는 소리에 직면하게 된다.

그때 비로소 놀라 깨어나 둘러보고 바로 몇 미터 앞에 나이아가라 폭포가 있음을 발견한다. 하지만 이미 강변으로 배를 저어 나갈 노조차 가지고 있지 않다는 사실을 깨닫게 된다.

그렇다. 인생은 강물을 타고 가는 것과 같다. 자기가 가고 싶은 곳이 어디인지, 어느 방향으로 가는 것이 옳은지를 제대로 결정하지 못하면 그저 강물의 흐름에 따라 흘러가게 된다는 의미다. 자신의 가치관이나 자발적인 결정이 아니라 사회적 환경에 의해 지배당하며 살아가는 집단 구성원에 그치고 마는 것이다.

아무 생각 없이 인생의 강물에 몸을 맡겼을 때는 반드시 얼마 가지 않아 여러 사건과 두려움, 도전 등 이런저런 일들을 만나게 된다. 이것이 바로 삶의 특성이다. 그때 비로소 "아!" 하고 한탄을 하지만 이미 늦었다. 이제 강물과 함께 천 길 낭떠러지 폭포로 추락하는 일만 남았다. 말하자면 자신의 운명을 스스로가 통제할 수 없게 된다는 의미다.

새로운 생존 모델에 적응할 때다

누구에게나 추락은 두렵다. 그것은 경제적인 추락일 수도 있고 명예나 신체 혹은 생명의 추락일 수도 있다. 이를 피하기 위해서는 상류에 있을 때부터 어떤 도전을 받더라도 적극적으로 좀 더 나은 결단을 내려야 한다. 그래야 폭포 앞에서 어찌할 수 없는 절망적인 상황에 대비할 수 있다.

한때 《누가 내 치즈를 옮겼을까》라는 책이 베스트셀러에 오르며 큰 화제를 일으킨 적이 있었다. 이 책은 변화의 필요성을 역설하는 내용으로 '사라진 치즈'에 대해 통탄하며 시대의 흐름을 읽지 못한 자신의 처지를 뒤늦게 반성하는 이야기로 구성되어 있다. 전 세계 CEO들이 가장 많이 추천하는 책으로 알려져 있다.

책에는 생쥐 두 마리와 인간 두 명이 등장한다. 제목처럼 치즈가 옮겨진 것을 모르고 누가 내 치즈를 옮겼는지 궁금해하면서 새로운 치즈를 찾아가는 내용의 우화다. 여기서 치즈는 우리가 추구하는 것이나 얻고자 하는 것 또는 행복 등을 뜻한다. 물론 명예나 물질, 부, 사랑, 건강, 권력일 수도 있다.

이런 책이 유행하는 이유는 변화를 긍정적으로 받아들이는 사람이 많지 않기 때문이다. 예상치 못했던 변화를 맞아 어떤 사람은 주저앉아 버릴 때 다른 사람은 그 변화에 당당히 맞서 성공을 쟁취하기도 한다. 이때 변화하는 환경을 잘 받아들이지 못하는 것은 낯익은 환경이 주는 안락함에 취해 다가오는 변화의 기회를 애써 외면해 버리는 것으로 지금까지의 사고방식에 익숙해져 있기 때문일 것이다.

사람은 누구나 자신을 행복하게 해줄 치즈를 얻게 되면 그것에 집착하고 얽매이게 된다. 그러나 만약 그 치즈를 상실하게 된다면 급격한 변화를 받아들이지 못하고 심리적인 공황 상태에 빠지게 된다. 결국 책은 주인공들을 통해 이런 우리의 모습을 환기시켜 주면서 우리가 살아가야 할 삶의 모습을 제시해 주고 있는 셈이다.

이때 치즈가 상징하는 것은 우리 인간이 얻고자 하는 희망으로서 가족관계, 직업, 원만한 인간관계 등이고 특히 경제활동이 큰 비중을 차지한다. 그런데 분명한 사실은 인류의 역사 속에서 치즈는 결코 사라지는 법이 없었다는 점이다. 단지 그 치즈가 저장되어 있는 창고가 다른 곳으로 옮겨졌을 뿐이다.

같은 이치로 최근의 4차 산업혁명 열풍은 치즈가 가득한 창고가 다른 곳으로 옮겨가고 있는 것에 비유해 볼 수 있다. 중요한 것은 역사의 부침 속에서 늘 살아남아 번성한 사람은 과거의 치즈 창고에만 집착하지 않고 환경의 변화를 예의 주시하며 늘 능동적으로 행동했던 사람이라는 점이다.

일자리를 둘러싼 '게임의 룰(rule)'

우리가 살고 있는 현재는 과거 어느 때보다 변화 속도가 빠르다. 변화는 매일 일어나고 있으며 그 결과 하루가 다르게 변화하는 세상 속에서 나만의 행복을 추구하기가 더욱 힘들어졌다. 매일매일 일어나는 변화를 감지하지 못하고 자기 손에 들고 있는 치즈만 지키려 하다가는 더 힘든 세상과 마주해야 하는 것이다. 미래는 늘 변할 수 있으므로 상황에 맞게 대처해야 한다. 이를 잘 받아들여야만 세상에서 낙오자가 되지 않는다.

이미 오래전부터 우리 주위에서 중산층의 시대는 종언을 고하고 있다. 큰 잘못이 없는 한 정년까지 일하고 그에 따라 생활이 나아지는 시절은 지나간 것이다. 말하자면 연공서열과 직급 호봉으로 운영되던 시절은 갔으며 그나마 남아 있는 몇 곳은 '신의 직장'이라고 불린다.

현실적으로 봐도 직장에 따른 급여 차이는 크다. 국세청의 '2016년 귀속연도 근로소득 백분위'에 따르면 상위 1%의 급여소득은 2억 4,597만 원, 상위 10%는 1억 2,148만 원이다. 이런 상황에서 중산층으로 자부할 만한 상위 30%의 급여소득은 절반 수준인 6,544만 원으로 크게 줄고, 하류층에 해당하는 70%가 되면 2,434만 원으로 소득이 급속히 줄어든다.

더구나 우리 고용 현실에서 비정규직으로 일을 시작하면 정규직으로 옮겨가는 것은 기적에 가깝고, 계약직은 최저임금 주변을 전전할 가능성이 농후하다. 파견 업체나 하도급 업체, 중소 업체에 직장을 잡으면 아무리 일을 많이 해도 중산층 소득인 6,544만 원에 이르기 어렵다. 예컨대 전체 근로소득을 일렬로 세웠을 때 한가운데 자리한 중위 소득이 2,434만 원에 불과하다는 점은 이를 상징적으로 보여준다. 이런 결과는 꼭 '1%대 99%의 세상'을 따질 것도 없이 죽도록 일하고 아껴 쓰고 저축해도 사다리의 위 칸으로 도저히 올라설 수 없는 직장 간 문턱이 존재한다는 반증이다.

더 악성인 것은 소득 격차 자체보다도 '노력하면 모두 중산층이 될 수 있다'는 꿈이 사라진 것이다. 어느 직장에서 일을 시작해도 집 사고 차도 구입하면서 사다리를 조금씩 올라 중산층이 될 기회가 있었던 과거와 달리 지금은 출발선이 다를 경우 상위 소득 구간에 오르는 일은 너무나 어렵다.

　이것이 젊은이들이 돈을 더 준다 해도 당장의 취업보다 공시생을 택하고 전문직 자격증에 목매는 이유다. 또한 어렵게 직장에 들어간 후에도 현재를 희생하며 미래에 베팅하는 것이 아니라 '일과 삶의 균형'을 고민하고 '소소하지만 확실한 행복'을 추구하는 '소확행' 트렌드가 유행하는 이유일 것이다. 말하자면 더이상 일 자체가 삶의 안전판 내지는 행복의 보증이 아니라는 것이다.

　그나마 다행스러운 것은 지금부터 이야기하려는 4차 산업혁명이 치즈, 즉 일자리를 둘러싼 '게임의 룰(rule)'을 바꾸고 있다는 점이다. 2017년 우리나라를 자주 찾는 글로벌 투자의 대가인 짐 로저스(Jim Rogers)는 한국 청년들이 지금처럼 무조건 안정적인 일자리만을 찾을 경우 5년 안에 몰락의 길을 걷게 될 거라는 경고의 메시지를 내놓기도 했다. 그는 4차 산업혁명에 대해 다음과 같이 말하고 있다.

"4차 산업혁명은 우리 모두에게 피할 수 없는 미래다. 인류 앞에는 이미 예측할 수 없는 새로운 패러다임의 시대가 펼쳐져 있고 주요 산업 및 일자리에서도 큰 변화를 맞을 것이다."

　하지만 보통 사람들에게 4차 산업혁명을 이해하는 일은 쉽지 않다. 용어부터가 인공지능(AI), 자율주행, 사물인터넷(IoT), 가상현실,

증강현실, 드론(무인 항공기) 등등 쉽게 알 수도 없거니와 배우기도 힘들다는 생각이 앞선다. 더구나 이런 어려운 기술들이 제도를 바꾸고 사회를 바꾼다니 두려움까지 밀려든다. 파급 속도 또한 너무나 빠르다. '도대체 이런 기술들이 뭐길래'라는 생각도 들지만 그런 생각마저도 바꿔야 하며 자신의 선호 여부와 관계없이 적응해 나가야 하는 것이 현실이다.

이렇듯 4차 산업혁명은 엄청난 속도로 세상을 변화시키고 있다. 그런데 문제는 눈부시게 발전하고 있는 첨단기술이 인간의 일자리를 점차 빼앗고 있다는 점이다. 급속히 발전하는 기술을 활용하여 인간의 노동을 빠른 속도로 대체해 나간다면 과연 우리의 삶은 어떤 모습으로 변하게 될까?

멋진 신세계는 가능할까?

많은 학자들은 자율주행 자동차가 길거리를 누비고 가상현실로 다양한 경험을 하며 인공지능 의사가 우리의 몸을 미리 체크하여 건강을 유지시켜 주는 꿈같은 현실이 곧 다가올 것처럼 이야기한다. 아마존 같은 첨단 유통 기업이 고객이 필요로 하는 제품과 서비스를 언제 어디서나 누릴 수 있게 해주고 인공지능 비서가 내가 할 일을 알아서 척척 도와주는 멋진 세상! 지금의 기술 발전 속도라면 그리 놀랄 일도 아니고 오래 걸릴 일도 아니다.

4차 산업혁명은 먼 미래가 아니라 이미 우리 눈앞에 다가온 현실이다. 기술의 급격한 발전과 융합으로 이미 우리 사회와 산업 경제에 기하급수적인 변화를 가져오고 있다. 이것을 반영하듯 맥킨지 보고서는 4차 산업혁명을 다음과 같이 예측하고 있다.

"4차 산업혁명은 이전의 산업혁명보다 속도는 10배, 범위는 300배, 충격과 파급 효과는 3,000배 더 클 것이다."

맥킨지뿐만 아니라 유사한 많은 미래 예측서들이 겁을 준다. 물론 이런 예측이 아니더라도 4차 산업혁명은 피할 수도 거부할 수도 없다. 더구나 파급력 또한 아주 빠르고 광범위하기 때문에 철저히 준비하고 대비하지 않으면 글로벌 경쟁 구도에서 소외될 수밖에 없다.

2017년 말 BBC는 '한국은 인공지능(AI) 로봇의 최적 번식지'라고 했다. 그 말을 증명이나 하듯이 IBM의 의료진단 인공지능 왓슨이 가장 빠른 속도로 도입되고 있는 나라가 바로 한국이다. 그렇다면 그런 멋진 신세계를 우리 모두가 누릴 수 있을까? 그곳에서 우리의 삶은 행복할까? 그렇지 않다. 바로 그 멋져 보이는 신세계가 실은 우리의 일자리를 빼앗는 일자리 도둑이기 때문이다. 우리의 일자리는 놀라운 성능의 인공지능(AI)과 로봇으로 대체되고 있다.

4차 산업혁명은 과거의 1·2·3차 산업혁명과 달리 산업 형태의 변화뿐 아니라 우리가 매일 겪고 있는 개인적·사회적인 경험까지 포함한다. 그러므로 굳이 4차 산업혁명까지 따질 것도 없다. 조금만 냉철하게 현실을 직시하거나 약간만 떨어져서 바라봐도 이제까지 누렸던 '안정'이라는 창고 안의 치즈가 점점 줄어들고 있음을 알 수 있다. 그 바닥난 치즈 창고는 이제까지 우리가 시간과 자원을 활용하여 유지해 왔던 돈벌이 방식일 수도 있고, 각자가 소속되어 있는 크고 작은 조직과 직장일 수도 있다.

4차 산업혁명이 어떤 방향으로 어떻게 발전해 나가든지 가장 중요한 것은 개인의 행복과 풍요로운 삶이다. 이를 위해서는 새로운 생존 모델이 필요하며 그것에 대해 이야기하고자 하는 것이 바로 이 책을 쓰는 목적이다.

폼페이 최후의 날에도 생존하라

어느 시대에나 변화는 주요한 화두다. 더욱이 최근의 4차 산업혁명이라는 이름의 쓰나미는 산업계는 물론이고 정치·경제를 비롯해 우리 주위의 모든 것을 휩쓸어 가는 듯하다. 대형 서점에는 아예 4차 산업혁명 관련 코너가 따로 마련되어 있으며, 국내외에서 열리는 각종 세미나 및 심포지엄, 포럼 등을 살펴보면 4차 산업혁명이 포함되지 않은 것이 없을 정도로 대단한 열풍을 불러일으키고 있다.

유행에 걸맞게 수많은 세미나와 포럼에서 인공지능의 발달과 4차 산업혁명에 대한 열띤 토론과 강의가 진행되고 있다. 하지만 유감스럽게도 대부분의 내용이 4차 산업혁명에 대한 기본적인 설명 수준에서 벗어나지 못하고 있다. 그 결과 IT 기술의 발전과 산업 간의 융합, 인공지능(AI), 빅데이터, 사물인터넷(IoT) 등 전문 기술에 관한 이야기가 대부분이며, 아직 정의조차 제대로 확립되지 않은 4차 산업혁명에 대해서는 각기 다른 코끼리 다리 만지는 식의 해석을 하는 경우가 대부분이다.

말하자면 4차 산업혁명에 대한 접근 방식에 있어서 개념 설명이나 단순 미래에 대한 상상과 예측에 그칠 뿐 정작 이와 관련되어 나타나는 산업의 변화를 체계적으로 분석하고 우리의 실생활에 미치는 영향 등을 파악하여 이를 어떻게 활용해야 하는가에 대한 제안은 매우 부족한 것이 사실이다. 이런 내용들이야말로 우리 삶에 근본적인 변화를 가져올 정도로 무척 중요함에도 말이다.

사실 지금 회자되고 있는 4차 산업혁명은 주로 선진국에서 정의한 것으로서 개념이 모호하며 그러다 보니 무조건 따라하기에도 막연하다. 그런 이유로 4차 산업혁명에 대한 중소기업 사장의 다음과 같은 언급은 차라리 솔직하다.

"4차 산업혁명에 대해 열심히 공부했지만 무엇을 어떻게 해야 할지 도무지 모르겠다. 최근의 유행에 동참하지 않으면 큰일이 날 것도 같은 데 사실 개념도 어렵고 무엇을 해야 할지 모르겠다. 방향을 가르쳐 주는 사람이 아무도 없다."

4차 산업혁명에 대한 설명에 반드시 등장하는 사물인터넷(IoT), 인공지능(AI), 자율주행 등 어려운 기술을 가지고 무엇을 혁신해야 할지 알 수 없다는 것이다. 기업 입장에서 생각해 보면 정작 4차 산업혁명을 왜 해야 하는지 이유를 모르겠다는 것이 정확한 표현일 것이다.

지금부터라도 우리 처지에 맞게 4차 산업혁명에 대한 정의를 새롭게 하고 전략을 수립하여 추진해야 한다. 이것은 기업뿐만 아니라 개인에게도 해당되는 이야기다. 이것을 위해서는 먼저 목적과 방법을 구별해야 한다. 모든 일에는 목적이 있으며 그것을 달성하기 위한 방법이 존재한다. 복잡해 보이는 일일수록 목적과 방법을 구분하여 생각하면 방향이 명확해진다.

4차 산업혁명이 본격적으로 회자하기 시작한 것은 2016년 1월 20일 스위스 다보스에서 열린 세계경제포럼(WEF · 다보스포럼)에서 클라우스 슈밥(Klaus Schwab) 회장의 제창으로부터다.

"우리는 지금까지 우리가 살아왔고 일하고 있던 삶의 방식을 뿌리부터 바꿀 기술 혁명 직전에 와 있습니다. '4차 산업혁명'은 그 속도와 파급효과 측면에서 이전의 혁명과 비교도 안 될 정도로 빠르고 광범위하게 일어날 것입니다."

그는 인공지능(AI)과 로봇 등 첨단기술이 융합하면 그 여파가 제조업의 효율화에 그치지 않고 일자리 감소 등 현대인의 생활 전반을 뒤바꿀 것이라고 주장했다. 그동안 1·2·3차 산업혁명을 거쳐오면서 기계가 인간의 '손'과 '발'을 대체했다면 4차 산업혁명은 인간의 '두뇌'를 대체해 인간만의 고유한 일자리도 위협할 수 있다는 것이 주장의 요지다.

나아가 슈밥은 "4차 산업혁명은 우리가 '하는 일'을 바꾸는 것이 아니라 '우리 자체'를 바꿀 것"이라고 단언하며 "4차 산업혁명 시대를 맞아 향후 5년간 전 세계 710만 개의 일자리가 사라질 것"이라고 말했다.

또한 그는 4차 산업혁명의 중요한 사회적 변화로 중산층의 몰락과 불평등의 확산을 들고 있다. 이것이 사실이라면 인간에 내재된 폭력적 성향을 부추기고 사회 불안을 야기한다는 점에서 국가와 기업의 진지한 고민과 성찰이 필요하다. 왜냐하면 4차 산업혁명이 가져올 파급력은 정치·경제·사회·문화 전반에서 맞물려 나타나기 때문이다.

인류는 변화의 기회를 맞고 있다

클라우스 슈밥 회장은 '직업의 미래(The Future of Jobs)' 보고서를 통해 일자리의 지형 변화가 나타나면서 사회 구조적 변화가 뒤따를 것으로 예견했다.

오래전 18세기 영국에서 시작된 '1차 산업혁명'은 제임스 와트 (James Watt)가 석탄을 태워 발생한 수증기의 힘을 이용해 증기기관을 만들면서부터 시작되었다. 이 발명품은 세상을 송두리째 바꿔놓는데 석탄 산업이 부흥하고 질 좋은 철을 확보하기 위해 철강업이 발달하게 된다. 또한 증기기관으로 움직이는 기차는 사람과 화물의 이동 시간을 크게 단축하였으며 이로써 수백만 명에 달하는 인구가 이동하게 되어 대규모 공업 도시가 만들어지게 된다. 거기서 그치지 않고 연쇄적으로 기계들이 꼬리를 물고 등장하면서 그야말로 '혁명'적인 변화가 몰려온다. 결과적으로 이전까지의 농업과 수공업 중심의 경제가 기계화를 통해 일대 도약을 하게 된다.

이후 대량생산을 특징으로 하는 '2차 산업혁명'은 19세기 전기가 발명되면서 시작되었다. 이때 등장한 전기 에너지는 인류를 이전의 증기기관보다 더 효율적인 대량생산 시대로 이끌며 더 많은 혜택을 제공한다. 뒤이어 20세기 들어 등장한 반도체는 세 번째로 세상을 뒤흔드는 '3차 산업혁명' 시대를 불러온다. 컴퓨터와 인터넷이 등장하면서 인류는 다시 한 번 획기적인 변화를 맞은 것이다.

그리고 인류는 다시 새로운 혁명을 맞이하고 있다. '4차 산업혁명'은 인공지능(AI)이나 사물인터넷(IoT), 로봇 기술 등이 주도하는 차세대 산업혁명을 말한다. 정보통신기술(ICT)이 정보화 · 자동화 시스템과 만나 기존 제조업이 획기적으로 달라지고 세상도 본격적으로 바뀌게 된다는 것이다. 소프트 파워를 통해 공장과 제품이 지능화되고 모든 설비가 네트워크로 연결돼 상호 정보를 통해 생산 공정을 최적화하고 효율화를 이뤄낸다. 결국 4차 산업혁명은 인공지능에 의해 자동적으로 제어되면서 각 산업이 유기적으로 연결되며 어느 한편에 국한되지 않고 광범위하다는 특징이 있다.

슈밥 회장은 4차 산업혁명을 '사이버 시스템과 물리 시스템의 통합'이라고 정의했는데 이는 사물과 데이터가 융합되어 통합적으로 움직인다는 뜻이다. 또 다른 측면에서는 '초연결'이라고 주장하기도 한다. 사물과 데이터가 모두 연결되어 정보를 주고받는다는 의미다.

지금까지 많은 학자들의 주장에서 공통적으로 예견되고 있으며 앞으로 발전할 것으로 보이는 4차 산업혁명의 주축 기술인 인공지능, 로봇 공학, 센서, 합성 생물학 등으로 인해 인류가 직면하고 있는 기근(飢饉), 질병, 에너지, 교육 등 여러 문제를 해결할 수 있다면 인류에게 큰 축복임은 자명하다. 그러나 이런 의견과는 달리 미국 스탠퍼드 대학의 프랜시스 후쿠야마(Francis Fukuyama) 교수 등은 자동화의 진전 등으로 사람들이 일자리를 잃는 등 중산층의 몰락과 함께 민주주의의 위기를 맞을 것이라고 경고한다.

또한 이 시대 구루 중 한 사람으로 평가받는 비벡 와드와(V. Wadhwa) 같은 학자의 이야기도 경청할 만하다.

"4차 산업혁명은 〈포천〉이 뽑은 '세계 500대 기업' 가운데 약 70%가

사라지게 할 것이다. 우리에게 잘 알려진 삼성전자, 월마트, GE, 포드 같은 대기업도 안전하지 않다."

겁을 주는 것이 아니라 4차 산업혁명의 명과 암, 즉 축복과 위험, 기회 등이 동시에 공존한다는 것을 말하는 것이다. 사람들은 은연중에 시대의 변화가 진보의 방향으로 향한다고 믿는다. 그럼에도 불구하고 대부분 사람들이 예외적으로 그 결과를 우려하는 거대한 흐름이 하나 있는데 바로 '4차 산업혁명'이다.

물론 증기기관으로 대표되는 1차 산업혁명, 대량생산을 가능하게 한 2차 산업혁명, 인터넷 등 정보화를 이끈 3차 산업혁명에 이어 인공지능과 로봇, 사물인터넷, 빅데이터, 드론 등의 기술로 대표되는 4차 산업혁명이 세상을 크게 바꿀 것으로 전망하고 있으며 또한 그런 방향으로 가고 있는 것도 맞다.

4차 산업혁명 시대 실행의 어젠다

문제는 4차 산업혁명 시대의 불평등은 돈이나 정보, 지식의 소유 여부가 아니라는 점이다. 그것은 성별, 연령, 계급의 차원을 뛰어넘는 불평등의 문제이며, 그 때문에 더욱 복잡한 양상을 띨 수 있다. 안타까운 점은 4차 산업혁명에 대한 뜨거운 화두만 있을 뿐 실질적인 대응 방안이 구체적으로 보이지 않는다는 것이다. 특히 개인(가정)이 실천해야 할 실행 어젠다가 없다는 점이 더 큰 문제다.

이러한 격변기를 맞아 생존에 필요한 역량을 키우기 위해서는 어떻게 해야 하는가? 혹은 무엇을 준비해야 하는가? 이런 물음은 경중을 따질 것도 없이 정말 중요하다. 왜냐하면 4차 산업혁명 같은 초연결 시대에는 얼마나 개방적인 태도를 지녔느냐에 따라 성패가 좌우될 수 있기 때문이다.

4차 산업혁명은 우리 삶에 큰 변화를 야기할 정도로 중요한데 이것을 다르게 표현하면 치즈가 다른 창고로 옮겨가는 것과 같다. 그런데 이런 사실을 인식하지 못한 채 바닥을 드러내는 창고에서 부스러기 치즈를 찾아 이리저리 헤매고 다니는 사람이 너무나 많다. 물론 바닥난 혹은 바닥날 것 같은 치즈 창고의 현장에 있었으나 곧 새로운 치즈 창고를 발견하고 풍요로움 속에서 또 다른 삶의 가치를 찾아 분주히 살아가는 사람도 있다. 재미있는 것은 이런 양극단의 사람은 어느 시대, 어느 곳에나 존재한다는 점이다. 마키아벨리는 《군주론》에서 이렇게 충고한다.

"사람은 누구나 자기가 처한 시대 상황을 고려하고 그 시대에 순응해서 행동해야 한다. 시대의 조류를 잘못 판단하거나 선천적 기질에 따라 행동하는 사람은 실패하는 반면 시대의 대세에 잘 적응하는 사람은 성공한다."

지금 시점에 꼭 맞는 적절한 충고임에 분명하다. 그렇다! 현재 타고 있는 배 곳곳에서 침몰 징후가 드러난다면 빨리 갈아타야 한다. 물론 익숙한 배를 버리고 낯선 배에 올라야 한다는 불안감과 함께 익숙함이 주는 묘한 안정감이 발목을 잡을 것이다. 그럼에도 불구하고 빨리 갈아타야 한다.

오해가 없기를 바란다. 무턱대고 시류에 편승하는 것이 좋다고 부추기는 것이 아니다. 오히려 새로운 것이 노도처럼 밀려올 때는 두려움에 휩싸여 눈을 감아 버리기보다 그 흐름에 올라타서 변화를 즐기는 편이 현명하다고 말하는 것이다.

지금 우리 주변에는 마치 화산재가 하늘을 완전히 뒤덮는 폼페이 최후의 날에도 살아날 수 있는 절호의 기회, 즉 마지막 마차와 배가 떠나가는 그 절박한 순간까지도 이제껏 누려왔던 일상의 온갖 달콤한 유혹들을 차마 뿌리치지 못하여 결국에는 영원한 화석으로 남아야 했던 역사 속의 폼페이 시민들이 아직도 무척 많이 존재하고 있다.

어떻게 설명해도 한 가지만은 확실하다. 이 세상에는 변화하지 않는 것은 없다. 이것만이 유일한 진리다. 더 정확하게 비유하자면 많은 사람이 여전히 치즈가 옮겨진 것을 모르고 '누가 내 치즈를 옮겼지?' 하면서 '그래도 이만큼 풍성한 치즈가 있는 곳도 없지' 하고 애써 자위하며 나른한 일상을 벗어나지 못하고 있다는 것이다.

스스로 화석이 되고자 하는 사람을 제외하고 더 많은 새로운 치즈를 찾고자 하는 사람에게는 '4차 산업혁명을 어떻게 활용할 것인가?'

하는 문제는 큰 의미를 지닌다. 이 책에서는 그러한 어젠다에 맞는 답을 찾아보고자 한다.

실감나는 일자리 문제의 현실

최근 일자리 감소는 눈이 부실 지경이다. 그런데 없어지는 일자리의 대부분이 로봇이나 컴퓨터, 인공지능을 지닌 기계로 대체된다는 특징을 보인다. 그 결과 경제는 성장하지만 일자리는 줄거나 전혀 늘지 않는 현상이 세계적인 흐름으로 자리잡았다. 더 큰 문제는 이러한 현상이 기업의 생산성 향상, 원가 절감 혁신이라는 이름을 앞세워 점점 더 가속화되고 있다는 점이다. 안타까운 일이지만 4차 산업혁명의 영향으로 인공지능과 로봇에 빼앗긴 일자리는 상당히 심각한 고용 문제로 귀결된다.

이런 것을 예상이라도 하듯이 WEF(세계경제포럼)는 '직업의 미래' 보고서에서 4차 산업혁명의 여파로 2020년까지 일자리 710만 개가 사라질 것으로 예측하면서 같은 기간 새롭게 생기는 일자리는 210만 개에 불과하다고 예상했다. 이처럼 4차 산업혁명으로 인해 익숙한 직업과 일자리가 사라지고 있다. 지금까지는 먹을 만했던 창고의 치즈가 점점 사라지고 있는 것이다.

실제로 2017년 우리나라의 주요 대기업은 사상 최대 실적을 거두었지만 고용은 거의 늘지 않은 것으로 나타났다. 57개 대기업 집단의

338개 계열사 전체 영업이익은 전년보다 55%가 늘어났지만 고용 증가는 거의 제자리(1.8%)였다. 오히려 대기업 3곳 중 1곳 이상에서 직원 수가 감소했다. 해외에서는 고용을 크게 늘리면서도 국내에서는 이직과 퇴직 등으로 빠져나가는 인력을 충원하는 현상 유지 정도에 그치고 있다.

이렇게 기업들이 사상 최대 실적과 정부의 일자리 창출 압박에도 불구하고 고용을 늘리지 않는 것은 공장 자동화, 인공지능을 이용한 빅데이터 활용 등 4차 산업혁명의 여파로 이미 '고용 없는 성장'이 실현되고 있기 때문이다. 이런 영향으로 결국 기업 이익은 증가하는 반면 고용은 감소하고 있는 것이다.

지금까지 4차 산업혁명 같은 단어는 먼 미래의 이야기처럼 들렸을지 모른다. 하지만 특히 교통 분야를 보면 더욱 실감나게 다가올 것이다. 기술의 진보는 다른 어느 분야보다 교통 분야에서 빠르게 진행되고 있는데 이미 자동화, 인공지능, 사물인터넷 등이 다양하게 적용되고 있다.

예컨대 한국도로공사는 2020년까지 '스마트 톨링'을 전면 도입하기로 결정했다. 이것은 하이패스 기술 개선과 번호판 영상 인식 기술을 통해 통행료를 받는 시스템이다. 이 시스템을 도입한다는 것은 현재 도로공사가 관리하는 전국 고속도로 톨게이트 345개가 모두 사라진다는 의미다. 말하자면 톨게이트 요금 수납원 5,818명의 일자리가 사라지는 것이다. 따라서 도로공사는 스마트 톨링을 도입하면서 기술의 완결성 못지않게 일자리 문제를 고민한다고 한다. 그 결과 요금 수납원을 번호판 영상 보정이나 요금 고지서 발송, 취약 지역 CCTV 감시 등의 업무로 전환 배치하기로 했다고 한다. 하지만 확실히 본질적인 대책은 아니다.

4차 산업혁명으로 인한 기술의 발전으로 사람들의 삶에 긍정적인 영향을 주는 것은 좋지만 가장 고민이 되는 부분이 바로 일자리 문제다.

가령 서울대 연구팀의 자율주행차는 여의도에서, 현대자동차의 자율주행차는 광화문 인근에서 운행을 한 일이 있다. 자율주행차가 점차 도입되면 27만 7,000명의 택시 기사, 13만여 명의 버스 기사 그리고 화물차 운전사 25만 9,000명 정도의 일자리가 증발할 것이라는 전망이다. 당사자 입장에서는 우울한 소식이다.

기차 역시 예외가 아니다. 전철만 봐도 경전철 7곳과 신분당선이 이미 무인운전 시스템을 도입했으며 앞으로도 무인운전 기능을 지원하는 노선을 대폭 늘린다고 한다. 결과적으로 기관사의 일자리도 점차 줄어들 것이라는 점은 불문가지인 셈이다. 이런 변화로 생활은 편리해지겠지만 그로 인한 여파 중에서 가장 섬뜩한 것은 일부 직종에서 인간 근로자와 로봇이 일자리를 놓고 대치하는 우려할 만한 상황이 벌어지는 것이다.

실례로 이미 많은 공항에서 자동 발권 시스템, 셀프 체크인 시스템을 갖추고 있고 심지어 여권 체크까지도 기계가 대신하고 있다. 예컨대 인천공항공사는 조만간 청소 · 안내 로봇을 시작으로 보안검색, 경비 로봇 등을 도입할 계획이라고 한다. 이렇게 되면 환경미화원 775명, 경비 인력 1,248명, 보안검색 인력 1,186명이 점차 로봇으로 대체되는 것이다. 극단적으로 말해 공항에서 일하는 사람이 거의 사라지는 셈이 된다.

고용 없는 성장(jobless growth)

노동 투입을 하지 않아도 생산을 늘릴 수 있는 생산 환경의 변화와 한번 뽑으면 해고하기 힘든 노동시장의 경직성 등으로 고용이 정체되는 이른바 '고용 없는 성장(jobless growth)'이 한국 사회에서도 굳어지고 있다. 물론 우리나라만 그런 것은 아니다. 고용 없는 성장이 나타나는 것은 자동화와 정보통신기술의 발달에 따라 직원을 늘리지 않아도 얼마든지 부가가치를 향상시킬 수 있기 때문이다.

더 큰 문제는 그나마 약간씩 늘어나는 고용도 대부분 시장 상황에 맞춰 임시로 고용하는 비정규직이라는 점이다. 걱정스러운 것은 파급될 결과다. 4차 산업혁명이 가속화될수록 혁신적인 구조 변화가 수반되지 않는다면 고용 없는 성장 또한 앞으로 더욱 심화될 것은 분명하다. 안타깝게도 이것은 부익부 빈익빈 현상을 촉진시킨다.

이런 와중에도 한국 경제는 2017년 저성장의 덫에서 벗어나 3년 만에 3%대 성장률 고지를 밟았다. 그 결과 1인당 국민소득은 3만 달러 문턱 앞에 섰다. 이런 수치로 보면 한국 경제는 순항하는 것처럼 보인다.

그러나 수치로는 선진국의 문 앞까지 다가섰지만 국민소득 3만 달러는 먼 나라 이야기처럼 들린다. 체감하기 어렵다는 말이다. 우리 경제가 크게 보면 수출 상황은 양호하지만 그렇게 늘어난 이익이 일자리 창출이나 임금 인상 등의 분배로는 이어지지 않기 때문이다. 경제 성장과 기업의 이익이 가계로 옮겨가는 낙수 효과가 나타나지 않기 때문에 가계에서는 성장을 체감할 수 없는 것이다.

그런데 저금리와 빚 부담으로 가계의 수입은 줄었지만 세수가 좋아지고 부담금 등이 늘어난데다 국민연금 수익 등 재산 소득이 늘면서 정부 비중은 높아졌다. 말하자면 국민은 가난하고 정부의 곳간은 두둑해졌다는 이야기다. 경제 성장의 과실이 일부 기업과 정부의 몫으로 돌아간 것이다. 모두 알고 있는 이야기지만 사회적으로 어떤 큰 변화가 일어나면 위기와 기회가 동시에 생기게 된다.

4차 산업혁명의 결과는 구조적으로 부익부 빈익빈 현상의 심화를 가져왔다. 예컨대 많은 사람이 경제적으로 어려워졌지만 재력과 함께 첨단 기술을 이용해 시스템을 갖춘 부자들은 더 큰 부자가 되는 것이다.

반면에 중산층은 빈곤층으로 전락할 가능성이 더 커지고, 하류층은 뭔가를 하고 싶어도 할 수 있는 것이 없는 세상이 다가오고 있다. 물론 정부도 지금과 달리 세수 감소와 연금 고갈 등의 사태로 최소한의 인원에게 최소한의 지원만을 해야 하는 암울한 상황이 될 수 있다. 원치 않는 현실을 맞게 되는 것이다.

이제 익숙한 창고를 떠나야 한다는 아쉬움과 함께 겪어보지 않은 미래에 대한 두려움이 앞서지만 창고의 치즈가 점점 바닥을 드러내고 있다는 사실을 받아들이고 새로운 미로를 향해 떠나야 한다. 당연한 이야기지만 미래에 대한 준비는 각자가 해야 하는 시대, 각자 도생의 시대다. 부연 설명을 할 필요도 없이 바닥난 창고를 뒤지고만 있는 것은 참으로 허망한 일일 뿐이다. 이미 사라져 버린 치즈를 찾겠다고 더이상 어제의 창고를 뒤지지 마라. 거기에서 발견할 수 있는 것은 허탈감과 배고픔뿐이다.

4차 산업혁명은 사람들이 받아들이는 것보다 훨씬 더 빠른 속도로 진행되고 있다. 이 혁명은 너무나 거대하고 강력해서 사람들은 그 파급력을 예견하고 대비할 충분한 시간조차 없이 맞이하고 있다. 하지만 가만히 앉아서 우리의 운명을 흘러가는 대로 내맡길 수는 없지 않은가? 왜냐하면 4차 산업혁명이라는 큰 흐름이 모두에게 축복이 되지는 않을 것이기 때문이다. 그냥 두면 누군가에게는 '큰 기회'가 되고 다른 누군가에게는 '위협'이 될 것이다. 기회는 1%가 가져가고 위협은 99%가 감당하게 될 것이라는 점만은 분명하다.

인간이
필요 없는 시대

바벨탑(Tower of Babel)은 창세기에 등장하는 건축물로서 바빌론 사람들이 하늘에 오르려고 쌓았다는 탑이다. 인간의 오만한 행동에 분노한 신은 언어를 여러 갈래로 분리해 사람들을 혼란스럽게 함으로써 작업을 중지시켰다고 한다. 이후 바벨은 '혼돈'과 '무모한 도전' '금기 영역'을 뜻하는 은유로 쓰이게 되었다. 그런데 앞으로 전개될 4차 산업혁명을 '새로운 바벨탑'이라는 의미로 쓰기도 한다.

불과 얼마 전에는 알파고라는 인공지능이 인간의 바둑을 넘어서는 역사적인 일이 발생했다. 이뿐만이 아니다. 일본 최고 부자인 소프트뱅크 손정의 사장은 30년 후에는 인공지능의 IQ가 10,000이 될 거라고 말하기도 했다. 이쯤 되면 바벨탑이 무색해진다.

이런 것을 예상해서인지 이스라엘 예루살렘 히브리 대학교 교수인 유발 하라리(Yuval Noah Harari)는 《사피엔스》에서 "인간이 신의 영역을 넘보는 순간 인류 역사는 혼돈에 빠질 것이다"라고 경고하고 있다. 그러면서도 기계가 인간의 능력을 뛰어넘을 머지않은 미래에는 새로운 시대의 질문에 맞는 새로운 생각과 대답이 필요하다고 강조했다.

하라리 교수는 이 시대에 주목받는 석학으로서 그의 주장은 묵살

하기 쉽지 않은 권위를 가지고 있다. 그의 책《사피엔스》는 인간 종의 역사를 살펴보고 미래를 전망하는 내용으로 구성되어 있다. 하라리 교수는 이 책에서 미래에 대해 더욱 겁을 주는 이야기를 한다.

"인공지능이 공장의 노동자, 택시 운전사, 심지어 선생님까지 대체할 것이며 발전한 미래에는 사람이 할 수 있는 일이 없어질 것이다."

이 예측대로라면 가령 아이들을 가르치는 일마저도 인공지능이 더 잘할 수 있다는 것이다. 또한 없어지는 일자리만큼 새로운 일자리가 생겨날 것이라는 일각의 주장에 대해서도 하라리 교수는 암울하고도 부정적인 반응을 보이고 있다. 예컨대 "가상현실 디자이너 같은 사람이 필요해질 수 있다"면서 "미래의 인간이 인공지능보다 이런 일을 더 잘할 거라고 보장할 수 없다"고 말하고 있다. 바야흐로 인간이 필요 없는 시대가 되는 것이다.

그의 이야기를 정리해 보면 새로운 모델이 있어야 새로운 시대의 문제를 풀 수 있다는 주장이다. 한마디로 인간이 쓸모없어질 시대가 도래할 것이며 그에 맞추어 새로운 모델이 필요하다는 것이다. 그의 주장은 앞으로 전개될 시대에는 '4차 산업혁명'이라는 새로운 바벨탑 이야기가 전개될 거라는 의미로 요약할 수 있다.

생산 주체가 인간에서 기계로

산업혁명의 세대 구분별 특성에 관해서는 다양한 관점과 논쟁이 있다. 미래학자들은 오래전부터 차세대 산업혁명의 도래를 이야기해 왔다. 이미 고인이 된 미래학자 앨빈 토플러(Alvin Toffler)나 저명한 미래학자 제레미 리프킨(Jeremy Rifkin) 등이 그들이다.

제레미 리프킨은 저서《3차 산업혁명》(2012년)에서 에너지원과 의사소통 방식의 변화를 기준으로 산업혁명을 구분했다. 앨빈 토플러는 '제3의 물결'이라는 용어로 정보화 혁명을 예견했다. 그가 말하는 '제1의 물결'은 신석기 시대의 농업혁명이며, '제2의 물결'은 영국에서 시작된 산업혁명을 말한다. 제3의 물결은 컴퓨터와 인터넷 등이 세상을 바꾸는 정보화 혁명을 의미한다.

앨빈 토플러는《제3의 물결》에서 약 1만 년 전에 발생하기 시작한 농업 기반의 '제1의 물결'에 대해 설명했다. 이전의 수렵, 채취, 약탈의 시대에서 벗어나 인류는 작물을 재배할 것을 선택했고 그 결과 한곳에 머물러 사는 삶의 방식에 변화를 겪게 되었다. 부수적으로 노동 시간이 길어지고 건강이 나빠지는 선택의 비용 또한 감수해야 했다. 곡물 창고의 관리를 위해 위계 사회가 구성되기 시작하면서 부족민이 같이 일하고 그날의 식량을 나누던 부족주의 사회는 사라져 갔다. 말하자면 진정한 문명은 곡물 창고에 자물쇠를 채우면서 시작된 것인데 이것은 계층제의 등장과 맞물린 결과로 설명된다.

'제2의 물결'인 산업혁명을 맞아 재화 생산과 거래가 가격으로 결정되는 시장의 시대를 맞게 된다. 증기기관과 철도, 전기, 대량생산으로 대표되는 2차 산업혁명으로 인해 가내 수공업 중심의 일자리를 없앤 기계를 파괴하자는 러다이트(Luddite) 운동이 시작되고 확산되었다. 그러나 기계화 혁명으로 1인당 실질 소득이 지속적으로 증가하는 경향을 보이면서 러다이트 운동은 역사 속으로 사라졌다. 산업혁명은 자본주의 발전을 위한 토대를 마련하는 계기가 되었다. 위계에 의존하던 봉건사회를 시장이 지배하는 자본주의 사회로 변화시킨 것이다. 그러나 거래 비용의 존재는 기업을 존속시키고 대형화하게 되었다.

앨빈 토플러가 명명한 '제3의 물결', 즉 3차 산업혁명은 컴퓨터와 인터넷 등 정보통신기술의 발전으로 가능해진 정보화 혁명이다. 이때는 과거에는 불가능했던 소규모 작업장, 집 그리고 차고 등에서 다양한 사업에 도전하는 창업자가 늘면서 벤처기업이 부상했다. 애플, 구글, 페이스북, 아마존, 네이버, 카카오, 알리바바, 바이두 등 수많은 정보통신 기반 벤처기업이 창업되어 성장을 거듭하고 있다.

정보통신 관련 기술자, 정보통신 시스템 개발자, 정보통신 시스템 유지 보수자 등 정보통신 근로자의 일자리는 늘어났다. 여기에 제조업의 디지털화, 전자상거래 발전 등은 정보통신 분야에 더욱 힘을 실어주었다. 하지만 한편으로는 자동화로 인해 블루칼라 노동자의 일자리는 감소했다.

결과적으로 컴퓨터와 인터넷으로 대표되는 3차 산업혁명을 맞아 거래 비용 감소로 인한 시장화와 글로벌화는 가속화되었지만, 조정 및 통합 비용의 감소는 금융, 제조, 서비스 기업의 대형화도 함께 초래했다.

그들의 의견을 '주체'라는 측면에서 정리해 보면 1784년경 시작된 1차 산업혁명은 영국에서의 증기기관 발명과 기계화에서부터 시작되었으며 이때의 생산 주체는 인간이었다. 2차 산업혁명은 1870년경에 주로 미국에서 전기를 이용한 대량생산에 의해서 시작되었는데 이때도 생산 주체는 인간이었다. 3차 산업혁명은 1969년경 미국, 독일, 일본 등에서 컴퓨터와 인터넷을 기반으로 한 지식경제에 의해서 시작되었고 이때도 역시 생산 주체는 인간이었다. 그러나 이전과 달리 4차 산업혁명에서는 생산의 주체가 바뀌게 된다.

4차 산업혁명 이후에는 지금까지 인간이 해왔던 영역을 인공지능과 빅데이터 등이 대신함으로써 생산 주체가 인간에서 기계로 대체되는 양상을 보일 것이다.

말하자면 단순히 반복되는 일과 힘든 육체적 노동에서는 로봇이 인간을 대체하는 것이다. 그런 이유로 4차 산업혁명을 긍정적으로 전망하는 사람들은 인간은 편안한 일자리에서 일과 생활의 균형을 즐기고, 신기술 발전에 따라 늘어나는 부와 시간을 인간의 가치를 찾는

데 사용하려는 경향이 나타날 것으로 예측한다.

4차 산업혁명은 기술 융합으로 산업 구조가 근본적으로 변화하는 현상을 보이며 새로운 융합 기술의 발전으로 원래 돈을 벌던 방식(게임의 룰)이 180도 전환하는 특징을 보인다. 가령 은행 창구 직원이 해왔던 일을 인공지능 로봇이 대신하거나 택시를 비롯한 전통적 운송 업계가 급격한 판도 변화를 맞은 것은 말할 것도 없고, 로봇이 뉴스를 생산하고 애널리스트나 의사, 법조인의 서비스가 인공지능으로 바뀌는 것이 그런 예라고 할 수 있다.

최근 발표된 매사추세츠 공대(MIT)와 보스턴 대학 경제학자들의 공동 연구에서는 로봇 한 대가 생산 현장에 채용될 때마다 인간의 일자리는 6개가 없어질 거라는 암울하고 비관적인 전망을 하고 있다.

2018년 6월 초 미국 라스베이거스에서는 "로봇이 일자리를 빼앗는다"며 대규모 파업이 있었다. 단순노동에 이어서 전문 기술직도 로봇으로 대체되면서 큰 위기감 속에 노조 주도 하에 5만여 명이 참여한 파업이 개최된 것이다.

이런 어색한 현상이 이해되는가? 근로조건이나 임금 등의 문제가 아니라 '로봇이 내 일자리를 빼앗아 간다'며 파업을 하는 것이다. 더구나 시점이 '현재'라는 것이 중요하다. 머나먼 미래가 아니다.

사연을 더 알아보면 카지노의 도시 미국 라스베이거스 한복판에 위치한 플래닛 헐리우드 리조트의 한 상가에는 독특한 칵테일 바가 하나 있다. '팁시 로봇(Tipsy Robot)'으로 불리는 로봇 바텐더가 일하는 곳으로 2017년 6월 도입된 팁시 로봇 두 대가 시간당 120잔의 각종 칵테일을 만들어 손님들에게 제공한다. 스마트폰이나 태블릿으로 원하는 칵테일과 각종 옵션을 선택해 주문하면 로봇이 1분 안에 칵테일을 만들어 주는 방식이다.

로봇 바텐더라는 볼거리가 이곳을 방문한 관광객들에게는 새롭고 즐거운 경험이겠지만 라스베이거스의 호텔과 상가에서 일하는 근로자에게는 달갑지 않은 상황임이 분명하다. 곧 로봇이 수많은 사람의 일자리를 대신할 거라는 전주곡과 같기 때문이다. 먼 미래의 일이라 여겨지던 '로봇이 인간의 일자리를 빼앗아 가는 현상'이 실제 라스베이거스에서 '지금' 벌어지고 있는 것이다.

알고리즘에 의한 자동거래

미국 캘리포니아에서 발생한 지진에 관한 기사를 가장 빠르고 정확하게 쓴 기자는 누구일까? 놀랍게도 사람이 아니라 컴퓨터 프로그램이었다. '로봇이 인간의 일자리를 빼앗아 가는 현상'에서 신문기자도 예외가 아닌 것이다. 예컨대 기자의 고유한 일 중에 현장 취재를 제외한 스포츠 같은 데이터 위주인 기사의 경우에는 컴퓨터 알고리즘을 활용해 경기 결과와 내용을 취합해서 퀄리티 높은 기사를 수백 건씩 뽑아낸다고 하는 것을 보면 로봇에 밀려 조만간 기자라는 직업도 종언을 고할 것 같다.

이뿐만이 아니다. 현대 자본주의의 상징이라고 할 수 있는 주식시장에도 거센 바람이 몰아친다. 본래 이곳에서는 매우 복잡한 절차를 거쳐 주식이 거래되었다. 투자자들의 엄청난 돈이 움직이므로 누구보다도 예민하고 조심스러울 수밖에 없다. 그런데 이러한 주식이 전문가가 아닌 컴퓨터에 의해 거래되기 시작한 것이다.

미국의 경우를 보면 주식 거래의 80% 정도가 사람이 아닌 이미 만들어진 프로그램, 즉 알고리즘에 의해 이루어진다고 한다. 말하자면 금융 전문가나 투자 전문가가 아니라 컴퓨터에 의해 자동으로 거래되는 것이다. 인공지능 방식에 더구나 고객 맞춤형으로 운영되는 '로보바이저(Roboviser)'라는 용어가 등장한 지도 꽤 됐다. 현실적으로 이런 인공지능 거래는 1초에 1,500번 이루어진다고 알려져 있을 만큼 자료 수집 속도뿐만 아니라 정확도 면에서도 사람보다 훨씬 뛰어나다고 할 수 있다.

업무의 성격상 변호사도 그다지 오래 존속할 수는 없을 것 같다. 왜냐하면 변호사의 가장 큰 업무가 법률, 판례 등의 자료 수집 그리고 판단과 재판 전략의 수립이라고 한다면 이런 일에는 컴퓨터 알고리즘 프로그램이 훨씬 뛰어나기 때문이다. 결국 머지않아 모든 사람이 인공지능 컴퓨터 프로그램을 이용해 충분히 스스로를 변호할 수 있는 시대가 온다는 것은 의심의 여지가 없다.

이렇듯 인공지능 기술은 비약적으로 발전하고 있으며 심지어 인류의 마지막 기술 개발이 인공지능이라고 할 정도다. 인공지능은 인간보다 학습 능력이 수만 배 빠르고 정확하며 인건비도 필요 없다. 빅데이터를 기반으로 하기 때문에 인간보다 훨씬 방대한 양을 처리할 수도 있다.

큰 방향에서 보면 인공지능이 처음 들어설 곳은 비용이 많이 들고 육체적인 움직임이 아닌 정보를 기반으로 하는 직업이 될 거라고 한다. 그리고 점차 사람들의 모든 일자리를 대체하게 될 것이다. 한마디로 정리하면 그 누구도 4차 산업혁명이 끌고 오는 변화의 물결에서 자유롭지 못하다.

기계가 할 수 없는
일을 하라

그러면 4차 산업혁명이 사회와 경제 체제를 어떻게 변화시킨다는 것일까? 한 연구에 의하면 금세기 말이 되면 사람들의 99.997%가 '프레카리아트'라 불리는 최하위 노동자 계급으로 전락해 사실상 로봇보다 못한 취급을 받게 될 거라고 한다. 그러면서 플랫폼을 소유하거나 플랫폼 스타들이 독점하는 플랫폼 경제가 온다고 예측하기도 한다.

그런데 더 놀라운 주장은 사회가 계속해서 발전하면서 최근에는 농업사회 이전의 부족 시대가 다시 온다거나 또는 다시 와야 한다고 역설하는 사람이 있다는 것이다. 실제로 최근의 블록체인·암호화폐 경제에 부족사회적 메커니즘이 작동한다는 연구 결과도 있다. 문제는 저명한 학자들도 이런 의견에 동조한다는 데 있다. 프랑스 사회학자 미셸 마페졸리(Michel Maffesoli)의 주장을 들어보자.

"현대 사회는 이미 개인주의 사회가 아니라 부족의 시대다. 고정적이고 단일적인 고대 부족주의와 달리 유동적이고 일시적이며 다양한 취미나 여가 등의 선택적 친목 혹은 감정적 공동체를 중심으로 사회관계가 편성돼 가는 신(新) 부족의 시대가 이미 도래했다."

그의 주장에 선뜻 동의하기 어렵지만 이미 그런 방향으로 가고 있는 것 또한 부인할 수 없는 사실이다.

국가마다 4차 산업혁명을 부르는 이름은 다를 수 있지만 인공지능, 사물인터넷, 빅데이터, 로봇 등 4차 산업혁명의 핵심 요소와 중요성, 방향성에 대해서는 거의 생각이 동일하며 그런 사실을 누구도 부정하지 않는다. 당연한 말이지만 과거의 자동화 기계와 4차 산업혁명의 인공지능은 본질적으로 다르다. 자동화 기계는 인간의 절대 영역을 침범할 수 없었지만 인공지능은 급속도로 발전하여 알파고와 이세돌의 바둑 대결에서 보듯이 인간 수준의 창의력과 사고력까지 따라잡을 정도가 되었다.

인간 역사에는 몇 번의 거대한 기술 발명이 있었다. 농업혁명으로부터 증기기관이 발명되는 산업혁명이 있기까지는 8,000년이 걸렸고, 전구가 만들어지기까지는 단 120년이 걸렸다. 그로부터 90년 만에 인간이 최초로 달에 착륙했으며, 22년 후에는 인터넷이 생겼다. 9년 뒤에는 인간 DNA 염기서열이 모두 밝혀졌다. 발전 속도가 엄청나다는 것을 알 수 있는데 다음 전망 또한 충격적이다.

"인공지능이 인간의 지능을 뛰어넘는 것은 2023년이며, 2045년이 되면 지구상 모든 인간의 두뇌를 합친 것보다 인공지능의 지능이 더 뛰어날 것이다."

이런 믿을 수 없는 전망을 앞에 두고 보니 인공지능과 첨단 기계가 사람들의 일자리를 모두 빼앗아 가는 것이 아닌가 하는 걱정은 결코 기우가 아니었다. 실제로 구글은 5년 안에 인공지능의 지능을 인간 수준으로 끌어올린다는 계획을 발표했다. 당연히 인간의 수준으로 연구하고 작업하면서 지치지도 않고 불평도 없는 인공지능에게 인간은 경쟁력을 잃을 수밖에 없다.

4차 산업혁명의 핵심 기술은 인공지능과 이를 활용한 자율동작 기계에 적용되는 지능 정보 기술이므로 이전 3차 산업혁명의 지식정보 사회와는 근본적으로 다르다. 즉, 지능을 가지고 자율적으로 움직이는 다양한 자율 기계들은 좀 더 완전해지는 방향으로 진보해 나간다는 의미다. 그리고 이런 흐름으로 인한 '일자리 감소' 우려는 필연적이라고 할 수 있다.

결국 미래에는 인공지능과 자율동작 기계, 이른바 지능형 로봇이
사람의 일자리를 대체하게 될 것이다. 물론 현재로서는 이러한 현상
이 눈에 띄게 드러나는 것은 아니지만 이미 주위에서 목격하듯이 공
장, 물류, 소매 유통 등의 분야에서는 무인화 또는 로봇 비중을 늘리
는 사례가 갈수록 증가하고 있다.

로봇에게 일자리를 빼앗기다

아디다스는 중국과 베트남에 있던 생산 공장을 독일로 옮기고 있
다. 왜 그럴까? 독일 공장에서는 24시간 쉬지 않고 일하고 더구나 야
근수당을 원하지도 않는 로봇이 신발을 만들어내기 때문이다. 골치
아픈 인사 관리도 필요 없고 중국이나 베트남보다도 훨씬 싼 가격에
제조할 수도 있다.

아디다스만 그런 것이 아니다. 다른 독일 기업들도 아디다스와 같
이 제조뿐만 아니라 모든 사업 분야에 스마트 공장을 강력하게 추진
하고 있다. 일명 '제조업의 귀환'이라 불리는 스마트 팩토리는 독일을
계속해서 유럽에서 가장 부유한 나라로 이끌 성장 동력이 되고 있는
셈이다. 당연하게도 생산 공장이 독일로 이전한 후 인건비가 싼 동남
아시아 사람들의 일자리는 하루아침에 사라지게 되었다.

아디다스의 경쟁사인 나이키도 가만히 있지는 않을 것이다. 나이

키도 아디다스와 경쟁하기 위해서는 로봇 라인에서 신발을 제작할 수밖에 없다. 로봇이 똑똑한 공장을 만드는 격인데, 이처럼 한 기업의 로봇 도입은 경쟁사에 위협이 되었으며 결국 제조업에서의 로봇 도입은 가속화될 것이다.

우리나라에서는 최저임금 시행의 영향도 있겠지만 최근에 세계 최대의 패스트푸드 업체인 맥도날드가 매장 직원들, 특히 판매대에서 고객에게 주문을 받는 직원들을 조만간 로봇으로 대체하겠다는 계획을 발표했다. 가뜩이나 패스트푸드에 대한 부정적인 인식이 확산되면서 매출이 침체되고 있는데 설상가상으로 매장 직원들의 임금 인상 요구가 거세지자 인건비 부담을 이유로 이참에 아예 로봇을 도입하기로 결정한 것이다.

맥도날드가 1년 동안 전 세계에서 지출하는 인건비는 9조 원 규모다. 그런데 이들을 로봇으로 대체할 경우 소요되는 비용이 35조 원가량이라고 한다. 매년 소요되는 인건비가 9조 원이니 로봇 대체 비용 35조 원을 투자하면 4년 후에는 투자 비용 35조 원을 모두 회수할 수 있다는 계산이다. 그 뒤에는 인건비가 거의 제로가 된다는 충격적인 결과다. 그렇게 되면 알바생부터 비교적 쉽게 접근할 수 있었던 일자리는 몽땅 공중분해될 것이다.

그 준비의 일환으로 맥도날드의 많은 매장에서는 이미 고객이 직접 전자 메뉴판을 이용해 주문을 하고 있다. 처음에는 시설비가 들겠지만 장기적으로는 이익이 되므로 만약 이런 시스템이 계속 확대된다면 전 세계에 퍼져 있는 맥도날드 매장에서의 대규모 고용 감소는 불가피한 현실이다.

최근 일본 초밥 업계에 깜짝 놀랄 일이 발생했다. 요리사가 없는 초밥집이 등장한 것이다. 초밥은 일본의 대표적 음식이다. 그리고 초밥의 핵심은 밥알을 적절히 뭉치는 손맛에 있다. 그래서 초밥을 만드는 요리사의 손맛이 뛰어날수록 그 가게에 손님들이 몰릴 수밖에 없다. 그런데 놀랍게도 요리사가 아니라 기계가 초밥을 만든다는 것이다.

이 기계는 효율성도 뛰어나다. 초밥 기계는 1초에 1개씩, 1시간이면 3,600개의 초밥을 만들 수 있다고 하는데 이는 숙련된 사람이 만드는 것보다 5배나 빠른 속도다. 고객 입장에서 보면 테이블에 앉아서 자신이 먹고 싶은 메뉴를 골라 손가락으로 클릭만 하면 곧바로 음식이 나오는 것이다. 기계가 요리하므로 사람이 만드는 것보다 당연히 값이 싼데다가 더 중요한 것은 맛이 요리사가 만든 것과 큰 차이가 없다는 점이다.

하루 700명의 손님이 찾아오는 초밥집에 요리사 대신 밥에 생선을 얹는 아르바이트생만 있다는 사실을 받아들이기는 쉽지 않다. 하지만 맛에 큰 차이가 없으니 손님들은 더 저렴한 가게를 찾게 될 것이고, 그 결과 기계로 초밥을 만드는 초밥집은 확대일로에 있는 것으로 알려져 있다.

이미 로봇으로 많이 대체되었지만 조만간 사람의 일자리가 더 많이 사라질 업종이 바로 물류 택배업이다. 이미 세계 최대의 온라인 판매업체인 아마존의 창고에서는 로봇들이 일하고 있으며 사람은 단지 로봇이 가져다주는 제품을 포장만 할 뿐이다. 그러나 그 포장 일도 곧 로봇에 의해 대체될 것으로 보인다. 배달도 드론이나 무인 자동차로 대체되고 있다. 따라서 물류 택배 업종에서 사람은 로봇에 밀려 머지않아 자취를 감추게 될 것이다.

과학과 기술이 인간을 위협하는 시대

이런 흐름은 항공기 조종사 역시 피해갈 수 없다. 파일럿도 기계에 의해 대체될 일자리 중 하나인 것이다. 가령 1960~70년대까지만 해도 조종석에는 항법사를 포함해서 5~6명이 탔다. 그러나 지금은 기장과 부기장 두 사람으로 충분하다. 더구나 이착륙 기능 역시 자동항법장치에 의해 운항이 가능하기 때문에 빠른 시일 내에 비행기 조종은 한 명으로 대체될 가능성이 높다. 심지어 그 후에는 비행기 운항 자체가 완전 무인화가 가능할 것으로 전망되고 있다. 이와 관련해 미국은 이미 무인 스텔스기의 항공모함 이착륙 시험을 성공적으로 마친 상태라고 알려져 있다.

이런 사실들은 심각한 아이러니이며 딜레마다. 인간이 인간을 위해 개발한 기계와 로봇, 시스템 등이 인간의 일자리를 대체하면서 인간을 빈곤하게 만들고 있다. 말하자면 과학과 기술이 인간을 위협하는 시대가 도래한 것이다.

더 우려할 만한 사항은 기하급수적인 기술 발전 속도만큼이나 4차 산업혁명의 진행 속도가 빠르다는 점이다. 클라우스 슈바프 세계경제포럼 설립자도 4차 산업혁명의 특징으로 '변화의 속도'를 강조했다. 전문가들은 "라디오가 전 세계 사용자 5억 명을 확보하기까지 걸린 시간이 38년이지만, 포켓몬고가 동일한 규모의 고객을 확보하는 데 걸린 시간은 19일에 불과하다"고 말한다.

그럼에도 불구하고 한편에서는 4차 산업혁명의 근간인 기술 진보만이 감소하고 있는 글로벌 경제성장률을 끌어올릴 수 있다는 주장이 설득력을 얻고 있다. 실제로 맥킨지 연구소의 분석을 보면 4차 산업혁명이 왜 성공해야 하는지를 알 수 있다.

"만약 전 세계적으로 4차 산업혁명이 성공적으로 정착하지 못하면 연평균 0.3%가량의 낮은 경제성장률이 장기간 고착화될 것이다. 이 정도 성장률은 인류의 암흑기라는 중세 시대의 수준이다."

이렇듯 많은 보고서를 종합해 보면 향후 20년 안에 기존의 일자리 3개 중 1개가 없어지고, 전 세계 8세 이하 어린이 중 65%는 지금은 존재하지 않는 직업에 종사할 것이라는 전망이 주를 이룬다. 이런 전망을 뒷받침하듯 미국에서는 4차 산업혁명 시대의 핵심인 인공지능과 빅데이터의 발전에 따라 '듣보잡(Job·과거에 듣지도 보지도 못했던 새로운 미래 직업)'으로 뜨고 있는 직업이 빅데이터 분석가와 인공지능 소프트웨어 개발자라고 한다. 이런 사례에서 미래에 늘어날 일자리의 단초를 잡아볼 수 있다.

결론적으로 4차 산업혁명 시대에는 인간의 창의성이 기계의 효율성과 만나서 발생하는 혁신의 흐름이 이어진다는 것이다. 다시 말하면 4차 산업혁명 시대에는 순수 창조 능력을 제외한 전 분야에서 인공지능을 이기지 못할 거라는 결론에 도달한다. 결국 앞으로는 기계가 할 수 있는 일을 인간이 하는 것을 부끄러워하는 세상이 될 것이다.

4차 산업혁명을 골드러시로 만들자

찰리 채플린의 영화 〈황금광 시대〉는 19세기 미국에 불어닥친 '골드러시(Gold Rush)'를 소재로 하여 인간의 탐욕과 부에 대한 욕망, 굶주림 등을 다루는 사회 비판적인 성격의 영화다. 영화의 내용은 그다지 심각하거나 암울하지 않은데 이는 개성 있는 캐릭터와 찰리만의 유쾌한 농담으로 익살스러우면서도 재미있게 골드러시를 비판하고 있기 때문이다.

오늘날에는 채플린의 여러 영화 중에서도 〈황금광 시대〉가 가장 완벽한 작품으로 평가받는다. 채플린 자신도 말년에 이르러서는 자신의 작품 중 가장 좋아한 작품으로 꼽으며 이 영화가 자신의 대표작으로 기억되길 바랐다고 말하기도 했다. 영화가 나온 지 100년이 다 되어가지만 지금 봐도 전혀 손색이 없는 걸작 영화다.

실제로 1848년 캘리포니아에서 시작된 골드러시는 미국 동부를 시작으로 유럽, 아시아, 중남미 등지에서 금광을 찾아 사람들이 몰려들기 시작하면서 시작된다. 그러나 자원은 한정되어 있는데 사람들은 끊임없이 유입되어 그로 인해 골드러시의 세력이 점차 약화되었고 채굴 가능한 매장량도 고갈되기 시작했다. 또한 금 채굴에 효율적인 장비를 갖춘 기계가 사람을 대신하게 되었다.

한편 광산 지대가 불법적이고 폭력적인 장소로 변모하자 정부의 법령과 감시 체제가 강화되었다. 결국 1849년부터 1853년까지 짧은 기간 동안 미국 서부의 캘리포니아를 강타한 금 채굴 사업이었지만 대부분의 금이 고갈되면서 골드러시 세력은 소멸되어 갔다. 또한 그들이 거주하고 있던 지역은 다른 성장 가능한 경제활동이 부족했으므로 점차로 유령도시(ghost town)로 변해갔다. 결과적으로 꿈을 찾겠다는 욕망으로 형성된 금광 산업은 기대에 미치지 못한 일종의 '거품경제'였던 셈이다.

하지만 아이러니하게도 금광 시대의 거품경제 덕분에 미국은 철도 산업 발전과 공업화를 이루었고, 그 결과 서부 지역 발전과 미국 번영의 동력을 축적할 수 있었다.

1849년 금이 발견되었다는 소문은 미국의 동부와 유럽에 퍼졌고, 남미와 하와이, 중국에도 알려졌다. 캘리포니아에서 엄청난 양의 금이 발견되었다는 소식은 곧 수십만 명이 몰려드는 골드러시가 발생하게 했고, 그로 인해 일확천금을 얻고자 세계 각지에서 사람들이 몰려들게 되었다. 열악한 교통수단 때문에 유럽 사람들은 배를 타고 아프리카 남단 희망봉을 지나 인도양, 태평양을 건너서 샌프란시스코로 향했고, 어떤 이들은 남미 희망봉을 돌아 북쪽으로 올라와 서부로 왔으며, 몇 달에 걸쳐 도보로 혹은 마차를 타고 미국 동부에서 캘리포니아로 온 이들도 있었다.

오는 것은 힘들었지만 금을 캐는 작업은 아주 간단했다. 냄비 하나만 있으면 되었다. 강의 흙을 파서 강물에 흔들면 가벼운 흙은 떠내려가고 무겁고 반짝이는 금만 남았다. 수십만이 강바닥에서 금을 찾았으므로 한정된 자원은 곧 바닥이 났다. 한몫 잡아 귀국의 꿈을 꾸었지만 쉽지 않았다.

채굴자들은 주로 남자였으며 당연히 황금의 광산에는 술, 도박, 창녀, 범죄가 판을 치게 되었다. 더구나 몰려든 어느 인종도 전통적 윤리관을 갖고 있지 않았다. 이런 모든 이유로 전통적인 동부에서는 서부를 좋게 말해서 '모험가들이 사는 곳', 나쁘게 말하면 '미친놈들이 사는 곳'이라고 불렀다. 광부들은 고향으로 돌아갈 여비조차 마련하지 못했으며 많은 노동자들이 이질 등의 질병으로 혹은 뱀에 물려서, 한편에서는 굶어 죽고 다른 편에서는 도박과 술로 죽어갔다.

그렇게 붐비던 광산촌은 금이 고갈되자 헌 집만 남았고 사람들이 떠나 유령도시가 되어갔다. 고향으로 돌아갈 수 없었던 사람들은 캘리포니아에서 살 길을 찾아야 했다. 다행히 그곳에는 비옥한 땅과 산림 자원, 어업 자원은 얼마든지 있었다.

골든 스테이트 (The Golden State)

당시 황금을 찾으려는 서부 개척자들이 수십만 명 몰렸으며, 이듬해인 1850년 7월 한 달 동안 샌프란시스코 해변에 나타난 배만 500척이 넘었다고 한다. 골드러시로 엄청나게 불어난 인구와 황금으로 들어온 큰돈은 캘리포니아 경제 발전의 기초를 만들었다.

1850년에 1만 50톤의 금을 생산했는데 이는 미국의 연방 예산보다 많은 것이었다. 그러자 그해 9월 9일 캘리포니아는 미국의 정식 주(州)로 승격하게 된다. 골드러시 이후 불과 2년 만에 일어난 일이다. 이후 1869년 대륙횡단 철도 개통과 1892년 석유 발견에 힘입어 캘리포니아는 성장을 거듭했다.

오늘날 미국 캘리포니아 주는 '골든 스테이트(The Golden State · 황금의 주)'라는 별명으로 불린다. 이것은 1849년 시작된 골드러시(Gold Rush) 때부터 붙은 이름이다.

캘리포니아의 토양과 기후 조건도 이름처럼 '골드' 급이다. 여름에 서늘하고 겨울에 따뜻한 기후 덕에 미국 제1의 농업 산지로서 포도와 와인, 아몬드를 가장 많이 생산한다. 텍사스에 버금가는 제2의 유전 지이며 몇 년 전부터는 대규모 셰일가스까지 뽑아내고 있다.

캘리포니아 주의 인구는 약 4천만 명으로 미국에서 인구가 가장 많은 주이며, 현재 최고의 첨단 정보기술과 항공우주 산업으로도 유명하다. 실리콘밸리의 초대형 IT기업은 물론이고 화학, 바이오, 전자제품, 정유 분야의 일류 기업들이 몰려 있다. 그 결과 경제성장세도 가팔라서 미국 상무부는 캘리포니아 주의 2017년 GDP가 2조 7,470억 달러(한화 약 3천조 원)로 영국의 2조 6,250억 달러를 넘어섰다고 발표했다. 인도와 프랑스, 영국 등을 제치고 세계 5위에 오른 것이다. 한국(1조 5,380억 달러)의 2배에 가깝다.

'캘리포니아'라는 지명은 스페인 소설에 나오는 '지상 낙원의 섬'에서 유래했다고 한다. 남한 면적의 4배가 넘는 이 '황금의 주'가 가장 부유한 땅이 된 것은 천연자원 때문만은 아니며 골드러시에서 기인한다고 볼 수 있다. 골드러시 기간 동안 금을 캐기 위해 엄청난 사람들이 캘리포니아로 모여들었고 전 세계에서 30만 명 이상이 이주

대열에 섰지만 정작 금을 캐서 돈을 번 사람은 많지 않았다. 오히려 그들은 추위와 기근, 고독과 마주해야 했으며 서로 싸우다 다치고 죽는 일이 빈번했다.

여기서 중요한 것은 금을 캐서 재미를 본 광부들은 많지 않았던 반면 오히려 채굴에 필요한 장비나 청바지 같은 물품을 파는 사람 혹은 밥이나 술을 판매한 사람들이 더 많은 돈을 벌었다는 점이다. 아이러니 하지만 사실이 그렇다.

어떤 현상이 있을 때 실제 돈을 버는 사람은 그 현상의 한가운데로 직접 뛰어들어간 사람이 아니라 오히려 주변부에서 기회를 노린 사람이다.

이런 경우는 꼭 멀리까지 가서 골드러시를 따질 것도 없이 우리 주위에서도 흔히 볼 수 있다. 지금까지 크고 작은 수많은 거품경제가 존재했고 그것이 우리 경제를 이끌어 왔다. 금융, 반도체, 녹색에너지 등이 그것이고 현재도 블록체인이나 암호화폐 현상인 비트코인 등이 있다. 이것들은 연일 뉴스의 중심에 등장하고 가장 핫한 화제 중 하나인 만큼 누구와 만나도 이에 대한 이야기가 빠지지 않는다. 일종의 현대판 골드러시인 셈이다.

실제로 2018년은 암호화폐 열풍과 함께 시작됐다. 2017년 초만 해도 국내에서 하루 거래량 200억 원 규모였다가 연말 들어서 하루 거래량이 무려 10조 원 규모(코스닥 1일 거래량 초과)로 상승하여 정부뿐 아니라 모두를 놀라게 했던 것이 바로 암호화폐에 대한 뉴스였다.

비트코인은 죽이고 블록체인은 살리자

비트코인으로 대표되는 암호화폐의 가격이 급등하면서 투자 원금의 수백 배를 벌 수 있다는 소문이 돌기도 했는데 진실 여부와 상관없이 이런 소문이 들리면 누구나 관심이 생기게 된다. 쉽게 큰돈을 벌수 있다는데 관심이 없는 사람을 찾는 일이 오히려 더 어려울 것이다. 또한 돈에 관한 일이다 보니 모든 사람이 스스로를 당사자라고 인식한다. 암호화폐를 모르면 나만 뒤처진다는 위기감이 생기는 것이다.

더구나 영업을 시작한 지 몇 년 되지도 않은 암호화폐 거래소가 수천억 원의 수익을 올리고 있다는 사실이 알려지면서 사람들의 위기감은 증폭되었고, 암호화폐에 대한 논쟁은 이윽고 블록체인 기술에 대한 논쟁으로 이어졌다. 인공지능과 블록체인 기술은 4차 산업혁명을 실현할 가장 중요한 기술임에 틀림없으므로 비트코인은 죽이고 블록체인 기술은 살리자는 극단적인 말도 나왔다.

그런데 아무리 중요한 기술이라고 해도 이렇게 전 국민이 당사자 의식을 가진다는 것은 매우 놀라운 일이다. 일단 사람을 모은다는 점에서는 성공을 한 셈이다.

물론 초기 비트코인은 가상의 화폐로서 실제 거래 수단으로는 인정받지 못했다. 지금은 거의 신화가 되었지만 피자 두 판을 1만 비트코인으로 겨우 바꿀 수 있었던 때가 있었으며, 진화를 거듭해 얼마 전에는 1비트코인이 2천만 원을 호가할 정도로 가치가 폭등할 때도 있었다. 더구나 한국에서 유독 그 열기가 뜨거웠고 실제 전 세계 비트코인 거래의 상당수가 한국에서 이루어짐으로써 '김치 프리미엄'이라고 불리기도 했다.

본인이 가진 전 재산을 암호화폐에 투자한 후에 매 분 단위로 업데이트되는 새로운 정보와 시세 추이를 지켜보는 사람들로 24시간 오픈 채팅방이 넘쳐나는 것은 익숙한 풍경이 되었다. 사람을 만나도 채팅창만 들여다보기 일쑤이며 그 결과 자신의 본업에도 집중하지 못한다. 말하자면 비트코인이 하나의 문화 내지는 라이프스타일까지도 바꾸고 있는 것이다.

역사적으로 보면 거품경제가 일어날 때마다 전 세계는 그 현상에 맞추어 관련 산업을 확대하고 경제의 부흥을 꾀해왔다. 이런 현상은 정확하게 골드러시 때와 같다.

하지만 개인적인 차원에서는 골드러시에서 보듯이 막상 그 중심으로 뛰어든 채굴자들은 별 재미를 보지 못했다.

최초로 황금을 찾아 나선 탐험가들은 한곳에 정착하지 않고 항상 금광의 원천, 즉 마더 로드(mother lode)를 찾아 발걸음을 옮겼다. 황금을 향한 가공할 물결이 출렁이기 시작한 처음 몇 달 동안은 대체로 평화로웠던 것처럼 보인다. 대부분 온화한 농민이었던 광부들은 평화롭게 살고 있었다. 금은 풍부했고 땅은 끝이 없어 보였다. 텐트는 활짝 열려 있었고 자신의 재산을 지키기 위해 특별히 신경쓰지 않아도 되었다.

그러나 1850년 이민의 물결이 휘몰아치면서 서로 다른 언어와 인종과 문화와 관습이 혼재하고 토지가 부족해지게 된다. 시드니 죄수들이 들어오고 또 다른 무법자들이 한꺼번에 밀려들면서 이 모든 것을 휩쓸어 가게 된다.

광부들은 까다로운 개인주의 성향으로 똘똘 뭉친 이들이었지만 생존을 위해서는 규칙을 만들어야만 했다. 채굴권지는 그것을 발견한 사람이 그곳에서 계속 발굴을 하는 경우에 한에서만 그에게 속한다고 약정되었다. 이것은 이 캠프에서 저 캠프로 끝없는 토론을 거쳐서 정립되었고 공통의 규칙으로 부과되게 되었다. 이것이 바로 그 유명한 '광부들의 십계명'으로 1853년 연방법으로 공식화되었다.

그러나 모든 것이 빠르게 변했다. 사람들이 채굴권 문제를 인식하기 시작했을 때 이미 탐사와 채굴, 분쇄 기술이 발전되고 새로이 도입되고 있었다. 이제 일확천금을 향한 광부들의 꿈은 자본가들의 대규모 자본에 의해 종착역을 향하고 있었던 것이다.

오히려 주변부에서 기회를 노린 사람이 더 큰돈을 벌었다. 큰 부가가치는 어떤 현상이 있을 때 그 현상 속으로 직접 들어가는 사람의 몫이 아니었다는 것인데 이는 앞으로도 마찬가지일 것이다.

 현대판 골드러시라는 4차 산업혁명에서는 미래의 부와 경쟁력의 원천이 될 기술들이 하루가 다르게 발전을 거듭하고 있다. 그러나 일반인에게는 여전히 멀게만 느껴진다. 마치 골드러시가 찾아왔어도 정작 광산을 소유하는 사람은 자본을 가진 사람이듯이 말이다.

 현재 거세게 몰아치는 4차 산업혁명을 골드러시와 같은 선상에 놓고 유추해 보면 의외로 부자가 되는 답은 아주 가까이에 있다. 정말 중요한 것은 4차 산업혁명의 내용 자체가 아니라 거센 변화(혁명)의 와중에서 개인은 어떻게 대처해야 하고 어떻게 생존해야 하는가, 그리고 어떻게 치즈(돈)를 찾아야 하는가이다. 그것이 바로 이 책에서 논의하고자 하는 내용이다.

2장

"

고용 없는
부의 창조
시대가 온다

"

소설《위대한 개츠비》는 이렇게 시작한다. "누구를 비판하고 싶어질 땐 말이다. 세상 사람이 다 너처럼 좋은 조건을 타고난건 아니라는 점을 명심하도록 해라." 상류층 출신 화자(話者)인 닉 캐러웨이에게 아버지가 해준 충고다. 무라카미 하루키가 "이 책을 세 번읽은 사람은 누구와도 친구가 될 수 있다"고 극찬한 스콧 피츠제럴드의 소설《위대한 개츠비》는 남자의 꿈에 관한 이야기다.

대저택에서 밤마다 호화 파티를 여는 수수께끼 같은 남자 개츠비는 젊은 날 가난 때문에 사랑하는 여자 데이지를 잃었다. 개츠비가 제1차 세계대전 중 전쟁터에 나간 사이 그녀가 톰이라는 부자를 만나결혼을 했기 때문이다. 그녀의 결혼 사실을 알게 된 개츠비는 큰 충격에 빠졌다. 개츠비는 데이지가 톰과 결혼한 이유가 돈 때문이라 생각하고 돈을 벌기 위해 자신의 인생 모든 것을 건다. 이윽고 부자가 된 뒤 개츠비가 한 일은 데이지가 사는 곳 근처에 대저택을 마련한 후 그곳에서 매일 화려한 파티를 여는 것이었다. 데이지를 만나기 위해서였다. 그는 오로지 옛사랑을 되찾기 위해 수단과 방법을 가리지 않고 돈을 번 것이다.

결국 개츠비에게 돈은 사랑하는 사람을 만나기 위한 '수단'에 불과했으며 그에게는 사랑이 전부였고 데이지만이 그의 온 세상이었다는 의미다. 그러나 모든 것을 바쳐 사랑했던 여자 데이지는 자신을 위해 누명을 쓰고 자신을 대신하여 죽은 개츠비의 장례식도 외면한 채 아무 일도 없었다는 듯 여행을 떠난다.

《위대한 개츠비》로부터 파생된 용어가 바로 '개츠비 곡선'이다. 이는 경제적 불평등이 심할수록 계층 이동이 어렵다는 의미로 쓰인다.

소설 속의 개츠비가 살았던 1920년대는 밀주(密酒)와 재즈가 흐르는 풍요의 시대였다. 그러나 대공황 직전에는 상위 1%의 가계 소득이 미국 전체의 21%를 차지할 만큼 빈부 격차가 극심했다. 물론 빈부 격차는 그때보다 지금이 오히려 더 심해져 이제는 더이상의 개츠비가 탄생하기 어려운 구조다. 가령 덴마크나 노르웨이처럼 지니계수(높을수록 빈부 격차 심화)가 낮은 나라에서는 가난한 부모 밑에 태어나도 노력과 능력에 따라 계층 이동이 가능하지만 미국은 지니계수가 높아 개츠비 탄생이 불가능해졌다는 것이다.

우리나라는 지니계수가 0.31로 OECD 34개국 중 18위 정도다. 그런데 문제는 수치와 관계없이 우리 삶에서는 통계보다 '인식'이 더 큰 영향을 미친다는 점이다. 2018년 OECD는 우리나라에서 소득 하위 10% 가구에 속하는 사람이 국민 전체 평균 소득을 올리는 중산층이 되려면 다섯 세대 정도가 걸린다는 분석을 내놨다. 2015년을 기준으로 분석한 것인데, 여기에 친절하게도 조사 대상 24개 회원국 평균 (4.5세대)을 웃돌았다고 덧붙여 있다.

또한 현대경제연구원 조사에 따르면 '노력해도 계층 상승이 어렵다'는 응답이 국민 4명 중 3명꼴이었다. 말하자면 '내 자식이 나보다 잘살 수 있다는 희망이 없다'는 것이다. 굳이 데이터를 참고하지 않아도 특단의 노력이 필요한 시기임을 누구나 알 수 있다.

꿈을 잃어가는 미래의 삶은 불안하다

미래가 보이지 않는다는 것, 즉 불확실성은 사람들로 하여금 절망에 빠지게 한다. 그중에서도 지속적으로 높은 수준을 유지하는 실업률은 경제 문제에 대한 불확실성 요인으로 사회 불만과 불안을 조성한다. 흔히 요즘 세대를 '꿈을 잃어버린 세대'라고 부르는데 편하고 걱정 없이 살아가기에는 우리를 둘러싸고 있는 현실이 너무

각박하기 때문이다.

2030세대인 청년층도 조만간 더 힘든 현실에 직면하게 될 가능성이 매우 높다. 그런데 사실 이것은 우리나라만 그런 것도 아니다. 다른 나라 역시 전 세계적인 경제 침몰 속에 실업률은 증가 일로에 있으며 그로부터 고통받기는 마찬가지다. 더구나 조만간 거세게 불어닥칠 4차 산업혁명의 파고는 사람들로 하여금 일자리 문제에 대해 더 큰 불안감을 갖게 한다.

현재의 불안한 일자리 문제는 산업 구조가 기술 집약적이면서 노동 절약적으로 변하면서 모든 작업이 우리의 상상을 초월할 만큼 빠른 속도로 기계화, 자동화로 치닫기 때문이다. 이는 결국 사람을 고용할 필요가 없게 하며 그 결과 우리나라뿐만 아니라 전 세계적으로 실업률이 급증하고 있는 것이다.

더구나 우리나라는 조선, 자동차 등 주력 산업의 해외 이전으로 국내 생산 기반이 취약해지고 노동시간 단축으로 중소기업의 수익성이 낮아지면서 경영 환경도 악화되고 있다. 문제는 쓰나미처럼 다가오는 4차 산업혁명으로 인해서 이런 현상은 더욱 심화될 것이라는 점이다.

많은 미래학자들은 현재 있는 직업이 앞으로는 거의 모두가 사라지고 그 자리를 인공지능 로봇과 자동화 기계가 대체할 거라고 전망한다. 맥킨지 연구소의 조나단 워첼(Jonathan Woetzel) 소장에 의하면 2030년경이 되면 전 세계 노동자의 15~30%(약 10억 명)가 일자리를 잃고 이윽고 모든 직업이 자동화로 대체된다고 한다. 너무 비관적인 전망이 미안했는지 그는 다만 모두가 실직자가 되진 않을 거라면서 다음과 같이 전망했다.

> "4차 산업혁명의 영향으로 새로운 도구와 기술을 활용하는 다양한 일자리가 새로 생겨날 것이고 사람들은 평생 두세 번은 직업을 바꿔야 할 것입니다."

'평생'이라고 하면 직업을 두세 번보다는 더 많이 바꿔야 할 것 같다. 하지만 그는 한국 대학 입시처럼 교육 에너지에 집중하는 구조로는 미래에 큰 효용성이 없다고 지적하면서 새로운 기술과 환경에 적응할 수 있는 직업 교육을 위한 제도가 필요하다고 강조한다.

누가 어떤 예측을 하든지 미래를 크게 두려워할 필요는 없다. 직업이 없어진다고는 하지만 새로운 직업이 만들어질 것이고, 그 결과로 인간은 육체노동에서 벗어나 더 창조적인 일에 종사하게 될 것이기 때문이다. 관건은 그런 변화에 얼마나 능동적으로 대처하느냐에 달려 있을 것이다.

누구나 인정하겠지만 현재 한국의 문제는 젊은이들이 꿈을 잃어간다는 것이다. 어떤 정책으로도 청년 실업이라는 난제를 풀지 못하여 미래가 불안해진 것이다. 젊은이들이 마음껏 꿈을 펼칠 수 있는 명석을 깔아주는 게 정부가 해야 할 일인데 내세우는 정책은 모두 돈으로 해결하려는 것뿐이다. 물론 일자리를 만들기 위한 정부의 고충은 이해되지만 돈 몇 푼으로 해결하는 정책으로는 청년 실업률이 떨어질 턱이 없다.

설상가상으로 기성세대들은 예전 자신들이 살던 때보다 훨씬 더 풍요롭고 살기 좋은 세상인데 젊은 사람들이 왜 그렇게 힘들어하는 지를 이해하지 못한다. 그러면서 요즘 젊은이들은 고생을 모르고 풍족하게 자라 감상적이며 흥청망청 살다보니 신용카드 빚이나 지면서 불만을 늘어놓는다고 말한다. 또 한편으로는 생활력과 끈기가 부족해서 조금만 힘들면 자포자기하고 너무 쉽게 단념한다고 지적하기도 한다.

물론 그런 지적은 일부 타당성이 있는 것들도 있다. 그러나 요즘 젊은이들이 살기 힘든 것은 그들의 나약한 의지력과 생활력 부족 때문이 아니라 사회 변화의 구조적 문제 때문이다. 젊은 세대가 가난에 허덕이는 이유는 기성세대들이 지적하듯이 그들이 방탕하고 게으르고 흥청망청 살아서 그런 게 아니라 신경제, 글로벌화된 경제 체제, 정글 자본주의 도입 등의 경제 구조 변화에 따른 필연적인 현상이다.

직장이 아닌 직업을 찾아라

한국을 자주 방문하는 세계적인 투자가 짐 로저스(Jim Rogers)는 한국의 청년들이 노량진에서 공무원 시험에 매달리는 것을 보고 크게 실망했다고 한다. 그러면서 "한국에는 미래가 없다"는 다소 충격적인 발언도 내놨다.

물론 공무원 시험에 매달리는 청년들을 나무랄 수는 없다. 일자리 문제가 근저에 자리잡고 있기 때문이다. 또한 이것은 창업과 도전을 기피하도록 만드는 사회 시스템 문제이기도 하다. 하지만 당장 눈앞의 현실만 보고 직장을 선택하기보다 미래 비전을 갖고 자신의 적성과 특기를 극대화할 수 있는 직종을 고르는 것이 올바른 선택일 것이다. 말하자면 '직장'이 아닌 '직업'을 찾아야 하는 것이다.

사실 사람은 경제활동을 위한 일거리에서 해방될 수 없다. 그러나 기술의 발전에 따라 제조업이나 공장에서 하던 작업 대부분이 자동화가 진행되면서 점차 기계로 대체되고 있다. 쉽게 다운로드받을 수 있는 많은 응용 프로그램들이 일에서 인간을 배제시키고 있는 것이다. 점점 더 진보하는 센서 칩과 자동화 솔루션이 인간이 해왔던 수억 개의 일자리를 삼키고 있는 셈이다. 또한 기업 입장에서도 이런 흐름에 쉽게 동참하고자 하는 유혹을 받는다. 왜냐하면 임금 문제는 물론이고 노조 활동을 비롯한 다양하고 복잡한 인력 관리가 기업에게는 불편하기 때문이다.

원론적으로 이야기하면 일자리 상황은 일을 찾는 사람 수와 일자리 수에 따라 결정된다. 그런데 일자리는 인구 크기에 의해서만 결정되는 것이 아니다. 어떤 인구가 어떤 일자리를 원하는지에 따라서도 영향을 받는다. 일자리의 절대 수가 많아도 젊은이들이 원하는 일자리가 부족하면 한쪽에서는 일할 사람을 구하지 못해 난리고 다른 한쪽에서는 일자리가 없어 난리인 이른바 '미스 매치'가 발생하게 된다. 현재 일자리 문제의 중심에 있는 연령대는 주로 2030의 청년층인데 이 연령대에서 미스 매치가 심하고 그것이 곧 일자리 문제의 핵심이다.

우리나라 대학생들은 대학교를 졸업할 때 평균 1,065만 원의 빚을 지고 사회에 나온다고 한다. 그중 640만 원 정도가 학자금 대출이라고 하는데 그런 상태에서 다행히 취직을 한다 해도 쥐꼬리 연봉으로는 미래를 설계하기 어렵다. 말하자면 적자로 시작하는 셈이다.

이런 상황에서는 집값 상승과 물가를 따라잡기도 벅차다. 양질의 고임금 일자리가 사라지면서 내 집 마련은 엄두를 못 내고 결혼과 함께 아이를 갖는 것은 당연한 일이 아니라 사치스러운 이야기가 되었다.

부족한 일자리 문제로 인한 젊은이들의 절망이 전 지구촌의 사회 문제로 대두된 지 오래다. 우리나라에서 '88만원 세대'가 화두로 등장한 지 오래듯 이웃나라 일본에서는 '하류사회', 미국에서는 2030세대를 칭하는 '빈털터리 세대(Strapped)'가 있으며, '천 유로 세대'는 월 100만 원 정도로 살아가야 하는 유럽 젊은이들을 칭하는 용어다. 말하자면 젊은 세대의 어려움은 이미 전 세계적인 문제다.

이중 특히 일본의 경우는 우리나라와 원인이 비슷하다. 과도한 대학 진학률로 인해 청년들이 원하는 일자리와 그들에게 주어지는 일자리가 다른, 즉 미스 매치 현상을 피해갈 수 없게 되었다. 그 결과 대량의 '프리터족'이 양산되었다. 이것은 어딘가에 소속되지 않고 일하는 '프리랜서'와 시간제 비정규직인 '아르바이트'가 합쳐진 말이다. 우리나라와 비슷하게 미스 매치 현상으로 인해 자발적으로 아르바이트를 선택한 사람들을 일컫는다.

긱 경제(gig economy)는 확대 중

사람은 생존하기 위해서 경제활동을 해야 한다. 일을 함으로써 생존뿐만 아니라 사람으로서 지켜야 할 품위, 꿈의 성취 등 원하는 것을 얻게 된다. 그런데 가장 보편적인 경제활동인 취업이 '무고용 기업'의 등장으로 큰 도전을 받고 있다. 더구나 현실적으로 평범한 월급쟁이의 노후라는 것이 재정적 자유와는 거리가 멀다.

이런 상황을 앞서서 경험한 선진국에서는 무고용 기업과 긱 이코노미의 등장으로 개인 독립 사업자가 각광받고 있다. 그 결과 지금까지 1만 명의 직원을 고용했던 제조업체가 고용을 줄이면서도 같은 생산성을 올리고 있으며, 단 몇 명의 직원만으로 1만 명이 달성한 것과 같은 매출을 달성하는 투자 회사도 등장하고 있다.

더구나 기업이 존재하는 이유, 즉 기업의 목적은 부를 창조하는 것이다. 혈액 공급이 인간의 생명을 유지하기 위한 순환 시스템이듯 돈의 흐름은 기업이 살아 유지되는 기본 메커니즘이다. 마찬가지로 개인도 기업에 고용되어 돈을 벌고 삶을 유지한다. 말하자면 사람은 구조적으로 일거리로부터 해방될 수 없다.

그러나 4차 산업혁명으로 대표되는 첨단기술 등의 발전에 따라 이런 전통적인 부의 창출과 고용의 메커니즘이 도전받고 있다. 인공지능과 기계 자동화의 진전으로 인해 사람을 많이 고용하는 산업들 대부분이 소멸되었다. 그 결과 기업은 더이상 사람을 고용하지 않을 뿐만 아니라 일자리를 창출하는 기업을 창업하는 일을 극히 꺼리게 되었다.

물론 기업을 운영하는 입장에서는 '무고용(people-less) 기업'이 훨씬 더 매력적인 모델임이 분명하다. 노동 집약적인 사업보다도 더욱 다양한 종류의 금융 경로를 만들 수 있고, 사람을 고용함으로써 발생하는 기업 운영의 위험도도 훨씬 낮다.

최근의 일자리 문제에 있어서 지속적인 트렌드를 꼽으라면 '정규직이 사라진다'는 것과 '기업이 정규직을 꺼린다'는 두 가지로 정리할 수 있다. 그 결과 급격히 '직업'이 사라지고 그 자리를 '일'이 차지하는 시대로 진행되고 있다.

그런 이유로 개인이 관심을 가져야 하는 사업 모델은 서서히 성장하는 소기업으로 크게 리스크가 없으면서 작은 능력으로도 비즈니스 운영이 가능한 기업들이다. 이런 성격을 가진 일을 흔히 '긱 이코노미(gig economy)'라고 부르는데 이는 어딘가에 고용되는 것이 아니라 필요할 때마다 일을 하는 '임시직 경제'쯤으로 정의할 수 있다.

이것은 재능, 시간 혹은 자산 등을 보유한 사람이 이를 필요로 하는 사람과 직접 연결하여 이를 제공하고 대가를 받는 거래 방식이다. 가령 차량이 필요한 사람에게 운행하지 않는 차를 직접 제공하거나 어떤 서비스가 필요한 사람에게 직접 서비스를 제공하고 이에 합당한 대가를 주고받는 것이 바로 긱 경제 행위다. 기업이 필요에 따라 사람을 구해 임시로 계약을 맺고 일을 맡기는 고용 형태로서 콜택시, 쇼핑 대행 등 모바일 기기로 주문한 즉시 서비스를 제공하는 온디맨드(On Demand) 서비스가 늘면서 이 같은 임시직도 급속히 늘어나는 추세다.

물론 조직에 속하지 않고 단기적으로 일하는 형태는 예전에도 많이 존재했다. 예컨대 가사 도우미부터 과외 아르바이트까지 다양한 형태의 일자리는 과거에도 있었다. 그러나 기존의 일용직, 파트타임, 아르바이트와 최근의 긱 이코노미가 다른 점은 노동력을 중개하는 방식이 스마트폰 앱 같은 디지털 플랫폼 기반이라는 점이다. 그래서 긱 이코노미를 '디지털 장터에서 거래되는 기간제 근로'라고 정의하기도 한다.

긱 이코노미의 성장 요인으로는 우선 3D 프린터, 빅데이터, 클라우드 등 제품과 서비스를 보다 싸고 손쉽게 제작할 수 있는 인프라의 성장을 들 수 있다. 다음으로는 재능 마켓 플레이스, 개인 재능 네트워크 등을 통해 고객을 찾기가 쉬워지고 개인 독립 사업자들 간의 교류가 활발해진 것을 들 수 있다.

특히 긱 이코노미는 밀레니엄 세대(21~35세)에서 활발한데 이들은 일반인에 비해 거의 3배가량 많은 것으로 조사되었으며, 그 주요한 이유로는 회사에서 취업하여 일하는 것보다 개인 독립 사업이 재미(enjoy)있고 보람되기 때문이라고 한다. 또한 밀레니엄 세대 5명 중 1명은 자신을 창조적(creative)인 프로페셔널이라고 설명하고 있고 웹디자이너, 작가, 그래픽 전문가로서 온라인에서 일하고 있다고 답했다. 이는 밀레니엄 세대의 성향이 긱 이코노미에 더 맞으며 쉽게 적응하기 때문으로 보인다.

폭발적으로 성장하는 긱 이코노미

맥킨지글로벌연구소(MGI)는 '미국과 유럽의 노동자 20~30%가량이 긱 이코노미에 속해 있다'는 내용의 보고서를 발표했다. 독립 사업자의 유형을 보면 보완적으로 일자리를 얻은 임시 소득자가 40%로 가장 많았고, 적극적으로 홀로 일하려는 사람(30%), 경제적으로 궁핍해 어쩔 수 없이 일하는 사람(16%), 전통적인 일자리를 선호하지만 어쩌다 보니 홀로 일하는 사람(14%) 순으로 조사되었다고 한다.

디지털 플랫폼을 활용하면 일감과 노동력을 손쉽게 연결할 수 있다. 클릭 몇 번으로 노동력을 제공하려는 사람과 노동력이 필요한 사람을 정확하고 빠르게 연결할 수 있다. 물론 기업 입장에서는 정규직으로 근로자를 고용할 경우에 제공해야 하는 건강보험과 연금 등 복지 비용을 축소할 수 있다. 긱 경제의 활성화는 실업률을 낮추는 등의 긍정적인 역할을 하지만 한편으로는 최저임금, 복지 혜택, 병가 등 전통적인 일자리에서 보장하는 안정성이 없어 일자리의 질을 떨어뜨리는 부정적인 영향도 있다.

어쨌든 이렇게 단기 근로를 제공하려는 공급자와 이를 싼 비용으로 쓰겠다는 기업의 이해가 맞아떨어지면서 긱 이코노미가 폭발적으로 성장하게 된다. 실제로 현재 미국의 고용 성장률이 5.4%인데 반해 긱 이코노미 현상으로 볼 수 있는 개인 독립 사업자의 성장률은 27%로 5배 이상 빠르게 성장하고 있다.

특히 인공지능과 로봇 기술의 발전에 따라 많은 영역에서 인간들의 일자리가 없어진다는 전망이 지배적인 상황에서 사람만이 할 수 있는 창의적인 일자리 준비와 일자리의 다변화 차원에서도 긱 경제의 활성화가 필요하다. 물론 규제 철폐 등의 정책적인 노력이 수반되어야 활성화에 도움이 될 것이다.

결과적으로 긱 이코노미 시대에 '1인 자기 고용'의 활성화는 가장 큰 고용 창출 효과를 볼 수 있는 방법이다. 이제 예전과 달리 고용 인원이 크게 문제가 되지 않는 세상이 되었다. 그런 이유로 우리에게 가장 밝은 미래를 보여주는 기업 형태는 대부분 서서히 성장하는 소기업으로 크게 리스크가 없으면서 작은 능력으로도 비즈니스를 운영할 수 있는 기업들이다.

확대되는 자동화, 인공지능 등의 영향으로 세계 경제가 회복세에 접어들어도 일자리의 절대 수는 늘지 않는다. 그래서 복지나 최저임금 보장 등이 안 된다는 우려에도 불구하고 자유롭게 일하면서 시간 조정이 가능하며 조직에 얽매이기 싫어하는 젊은 층이 긱 경제에 노동력 제공자로 적극 참여한다는 분석도 있다.

좀 더 구체적으로 긱 이코노미가 출현하는 배경을 살펴보면 자아실현과 자신이 원하는 삶을 살기 위한 것이다. 따분한 일을 억지로 하는 것이 아니라 자발적으로 즐겁게 원하는 일을 찾아서 하는 삶으로의 전환을 원하기 때문이다. 이를 위해서는 자신의 능력을 발휘하여 자신이 원하는 분야에 몰입하면서 자유롭게 일하는 라이프 스타일이 필요하고, 이것이 바로 긱 이코노미 현상이 번창하는 요인이 된다.

종합해 보면 긱 경제에 속한 독립 사업자들은 일하는 시간이 자유롭고 여러 명의 고용주가 있으며 일자리를 유연하게 옮길 수 있는 사람으로 정의할 수 있다. 특히 청년 세대는 조직에 속하지 않고 자기 주도적으로 일하려는 성향이 강해 긱 이코노미의 중심이 될 수 있으며, 이들은 특히 유휴 차량이나 주택, 손재주 등을 활용해 소득을 올릴 수 있다. 그런 이유로 하버드 비즈니스지에 따르면 이제 미국에서 긱 이코노미는 비정규직의 상징처럼 되었다고 한다.

하지만 긱 경제 종사자의 입장에서 가장 큰 고민은 수입이 불규칙하다는 것이다. 왜냐하면 기업이 필요할 때마다 프리랜서를 고용해 일을 맡기는 시스템이기 때문이다. 그럼에도 불구하고 긱 경제의 확대는 필연적이다. 특히 차량 예약 서비스인 우버 등 모바일 플랫폼이 인기를 끌면서 이를 발판으로 확대된 새로운 일자리 창출 모델이 전통적인 일자리를 대체할지 주목받고 있다.

긱 이코노미 활성화가 필요한 이유

물론 부정적인 영향도 있겠지만 긱 경제가 부상하면서 전통적인 일자리를 대체할지에 대한 논의도 활발하게 이루어지고 있다. 그런 흐름을 반영하듯 미국 대통령 후보였던 힐러리 클린턴은 경제 정책 발표에서 긱 이코노미와 이의 활성화에 대해 강하게 이야기하였다.

"많은 미국인들은 남는 방을 빌려주거나 웹사이트를 디자인하거나 자신의 차를 운전함으로써 돈을 더 벌고 있습니다. 긱 경제라고 불리는 경제가 활발한 기회와 혁신을 만들어내고 있습니다."

우리보다 앞서 긱 경제가 활성화된 미국의 통계자료를 유심히 살펴보면 시사하는 점이 많다. 먼저 가장 눈길을 끄는 것은 이 분야의 일을 선택하는 이유로 대다수가 '재미있게 일하며 돈을 벌 수 있다'는 점을 꼽는다는 것이다. 말하자면 자신의 시간을 보다 유연하게 사용하면서 관심 있는 취미나 자기가 가진 재능을 수익 사업화할 수 있다는 점이 긱 경제를 더욱 활성화시킨다는 것이다.

현재 미국의 고용 성장률이 5.4% 인데 반해 'Solopreneur'라 불리는 개인 독립 사업자의 성장률은 27%로 5배 이상 빠르게 성장하고 있다. 구체적으로 살펴보면 2개 이상 복수로 일을 하는 사람이 2018년에만 780만 명으로 증가했는데 이 중 풀타임으로 일을 하면서 파트타임으로 하는 경우가 430만 명, 그리고 2개 이상의 직업이 모두 파트타임인 경우가 210만 명으로 증가하는 추세에 있다. 이렇게 사람들이 개인 단위로 일하는 이유로는 다음의 대답처럼 여러 가지가 있을 수 있다.

"첫째, 일정을 스스로 조정할 수 있어서(61%). 둘째, 고용 조건이 풀타임 고용직보다 유연하기 때문에(58%). 셋째, 자기가 스스로 CEO가 될 수 있는 기회가 있어서(54%). 넷째, 자신이 좋아하는 것을 할 수 있어서(48%) 등이다."

여러 이유로 미국에서는 직원이 있는 소형 비즈니스의 절반가량이 개인 독립 사업으로 시작하고 있는데 2015년에만 이들 사업자가 1천억 달러가량의 고용 창출을 한 것으로 조사되었다. 경제 흐름상 앞으로도 이러한 개인 독립 사업자가 계속 성장할 것으로 보인다.

최근 우리나라가 당면한 과제 중 가장 중요한 것이 바로 일자리 창출이다. 청년들의 일자리 문제 해결을 위해 범국가적인 차원에서 노력하고 있다. 대안으로 1인 기업가를 양성하면 일자리 문제와 직업의 다양성 문제를 해결할 수 있다. 이때 떠오른 긱 경제 독립 사업자는 단순 일용직도 계약직도 아니며 1인 기업가, 자기 고용 사업자다.

결론적으로 긱 경제 시대를 맞아 1인 자기 고용의 활성화는 가장 크게 고용 창출 효과를 볼 수 있는 방법이다. 더욱이 인공지능, 로봇 기술 등의 발전에 따라 많은 영역에서 인간들의 일자리가 없어질 거라는 전망이므로 사람만이 할 수 있는 창의적인 일자리를 준비하고, 일자리의 다변화 차원에서도 긱 이코노미의 활성화가 필요하다.

지금까지 주로 긱 이코노미의 긍정적인 면과 장밋빛 미래에 대해 살펴보았다. 그런데 과연 이런 현상에 문제는 없을까? 물론 해결해야 할 많은 선결 과제들이 있다.

먼저 독립 사업자 입장에서 가장 큰 고민은 수입이 불규칙하다는 점이다. 이를 해결하기 위해서는 풀타임과 파트타임을 병행하면서 여러 개의 일을 동시에 해야만 한다. 이를 위해서는 스스로 스케줄을 짜고 시간을 잘 관리해야 한다. 일반 회사원의 경우에는 주어진 근무시간을 채우기만 하면 안정적으로 급여를 받을 수 있지만 이들은 자신의 시간을 잘 운영해야만 안정적인 수익을 창출할 수 있다.

또한 의료 및 연금보험, 퇴직금 등이 없다 보니 생활의 안정성이 떨어질 수 있다. 이 부분에 대해 스스로 계획을 세우고 준비해야 한다. 수입의 일정 부분을 떼어 미래를 위해 축적해야 하는 등 긱 경제 독립 사업자로서 성공적인 삶을 살기 위한 준비를 해야 한다.

소확행, 미코노미 트렌드에 편승하라

최근 확산되는 트렌드에서 많이 등장하는 '미코노미(Meconomy)'는 내(Me)가 주체가 되는 다양한 경제활동(Economy)을 뜻하는 합성어다. 이는 자기 자신을 중심에 둔 '가치 있는 소비'를 중시하는 사람들이 많아지면서 나타난 현상이다. 과거 소비자로만 머물렀던 개인들이 점차 생산자의 역할까지 동시에 수행하게 되면서 생산자와 소비자의 경계가 모호해지는 현상을 설명할 때 사용되었던 용어가 '프로슈머(Prosumer)'였다면, 최근 유통가에서 말하는 '미코노미'는 그 의미가 좀 더 한정적으로 바뀐 것이다.

미코노미는 개인이 정보의 제작, 가공 및 유통을 전담하는 프로슈머로서의 역량이 강화됨에 따라서 생겨난 경제 현상이다. 모바일 등 뉴 미디어 플랫폼 그리고 초고속 인터넷 등 네트워크 환경의 발달로 과거 특수한 극소수의 사람들 간의 커뮤니케이션으로 한정되었던 웹

환경의 진입장벽이 낮아지면서 누구나 정보의 생산 및 유통을 할 수 있는 여건이 마련되었다.

이러한 변화는 과거 수동적인 소비자층이었던 사람들이 능동적인 공급자의 위치에 서도록 했으며 소규모로 다양한 분야에서 비즈니스 모델을 개발하고 기존과는 다른 새로운 경제를 이루게 되었다. 그 결과 미코노미의 시점은 개인인 '나'이기 때문에 국가 및 세계 경제 등과 같은 거시적인 경제가 아닌 소규모 단위의 경제를 지향하게 된 것이다. 세태 변화가 불러온 트렌드 변화다.

최근 트렌드의 중심에 워라밸이 있다. 워라밸은 '워크 라이프 밸런스(Work & Life Balance)'를 줄여 부르는 말로 어떤 일 혹은 직장을 구할 때 중요한 조건으로 여겨지는 일과 개인의 삶 사이의 균형을 이르는 말이다. 처음에는 '작은 것에서 확실한 기쁨을 찾는다'는 소확행(小確幸 · 소소하지만 확실한 행복)에서 출발했는데 '일과 삶의 균형'으로까지 발전했다.

소확행이라는 말은 일본의 소설가 무라카미 하루키가 수필집《랑겔한스 섬의 오후》에서 언급한 신조어다. 그는 책에서 "막 구운 따뜻한 빵을 손으로 뜯어 먹는 것, 오후의 햇빛이 나뭇잎 그림자를 그리는 걸 바라보며 브람스의 실내악을 듣는 것, 서랍 안에 반듯하게 접어 넣은 속옷이 잔뜩 쌓여 있는 것" 등으로 소확행을 구체적으로 묘사하고 있다.

소확행의 가치가 젊은 세대를 중심으로 일과 삶의 균형을 뜻하는 '워라밸'로 번져 나가게 되었으며 이는 현재 새로운 삶의 기준이자 새로운 트렌드로 등장하고 있다. 이런 새로운 삶의 기준으로 시대 현상의 단면을 보여주는 '본인의 행복을 중시하면서 소비하는 문화'를 의미하는 '욜로(YOLO·인생은 한 번뿐)'나 '소확행(일상에서의 작지만 진정한 행복)' 같은 말이 보편화돼 가는 것이다.

예전에는 '평생직장'이라고 하여 안정된 회사가 평생을 책임져 주던 시절이 있었다. 그래서 "열심히 공부해야 한다. 그래야 좋은 학교에 갈 수 있고 또 좋은 직장에 취직할 수 있다"는 말이 타당성이 있었다. 그러나 유감스럽게도 지금은 전혀 맞지 않는 말이다. 회사가 평생을 책임져 줄 수 있는 시대가 아닌 것이다. 취업 후에 평생을 책임져 주는 직장은 사라진 지 이미 오래고 오히려 즐거우면서도 의미를 갖고 성취감을 느끼며 할 수 있는 직업을 갖는 것이 훨씬 중요한 시대가 되었다. 이런 상황에서 소확행을 추구하는 시대의 도래는 반갑기도 하다.

무엇보다도 과거 산업화 시대를 산 기성세대가 가지고 있던 획일화된 행복의 틀에서 벗어나 다양하면서도 개별적인 행복의 기준을 세울 수 있다는 점에서 큰 의미가 있다. 예전에는 행복이 무엇인지에 대해 개인이 정하기보다는 사회가 이러이러한 것을 욕망하라고 결정하고 주입한 것이 사실이다. 예컨대 열심히 공부해서 원하는 대학에 들어가고 월급을 많이 주는 큰 회사에 취직한 후 결혼해서 아이들 가르치며 아파트 평수를 넓힐수록 행복이 온다고 주입했다. 하지만 소확행은 행복의 기준을 사회가 아닌 개개인이 정하라고 권함으로써 기준점 자체를 바꿨다. 그래서 정형화된 틀에서 벗어난 행복이 무한하게 생겨날 수 있는 토대가 만들어진 것이다.

현재 삶 속에서의 작고 확실한 행복

이전에는 행복을 먼 미래에나 도달할 수 있는 큰 목표의 성취 이후에 이룰 수 있는 것으로 생각하는 경향이 많았다. 하지만 소확행 트렌드에서는 현재 삶 속에서 어렵지 않게 찾을 수 있는 작고도 확실한 행복에 집중한다.

현대인은 저녁이 있는 삶이나 개인 여가생활을 다른 어떤 가치보다 중요하게 생각한다. 하지만 현실에서는 직장생활이나 사업 등을 하다 보면 과다한 업무에 치이고, 성과를 올리고 인정받기 위해 노력하다 보면 워라밸을 지키는 것이 힘들어진다. 잦은 야근은 말할 것도 없고 퇴근 후에도 메신저나 SNS 등을 통해 업무에 대한 지시를 받는 것이 당연시되고 고용 문화가 되어 버린다. 불균형이 계속되면 당연히 일과 가정 사이의 균형도 깨질 수밖에 없다.

잡코리아 조사에 따르면 전체 직장인의 약 60% 정도는 일과 삶이 불균형하다고 느낀다고 한다. 이런 상태에서는 생산성도 떨어진다. 경제협력개발기구(OECD)에 따르면 한국의 1인당 연평균 노동시간은 2,057시간(2015년 기준)으로 회원국 중 3위이나 노동생산성은 그보다 한참 낮은 25위로 하위권에 머무르고 있다.

요즘은 짧은 여분의 시간이나 점심시간은 귀중한 힐링 타임이며 회식도 퇴근 후가 아니라 업무시간 내에서 이루어져야 한다고 외치는 직장인이 늘고 있다. 퇴근 후에도 헬스장, 요가, 필라테스 등 운동을 즐긴다. 영화 혹은 음악 감상을 위한 블루투스 스피커 등 여가를 즐기기 위한 상품도 점차 판매가 증가되는 추세라고 한다.

한국경제신문에 실린 직장 선호도 조사(복수 응답)는 이런 트렌드를 잘 반영한다. 조사에 따르면 선호하는 직장의 조건으로 높은 연봉을 선택한 구직자는 31%에 머문 반면 직원 복지를 비롯한 워라밸 항목에 응답한 비율은 68%에 달했다. 취업포털 '사람인'의 선호 직장 설문조사에서도 이런 점은 잘 반영되어 있다.

'연봉이 높고 야근이 잦은 기업'(11.8%)보다 '연봉은 적더라도 야근이 적은 기업'(65.5%)에 대한 선호도가 높은 것으로 조사됐다. 이제는 연봉보다도 워라밸이 우선순위가 되었다고 할 수 있다.

사회 전반의 변화도 이미 시작됐다. 국무회의는 주당 68시간의 법정 근로시간을 52시간으로 단축함으로써 워라밸 현상에 호응했다. 기업도 이런 흐름을 반영하기 위해 다양한 방안을 검토하고 있다. 일하는 문화를 바꾸고 '일과 삶의 균형'이라는 워라밸 문화를 확산해 나가려는 노력을 기울이기 시작한 것이다.

워라밸 향상을 위한 이러한 노력은 직원 개인뿐만 아니라 조직의 성장에도 큰 힘이 될 수 있다. 그런데 여기서 놓쳐서는 안 될 것이 바로 스스로의 역할이다. 쉬는 것이 단지 '아무것도 하지 않고 가만히 있는 것'을 뜻하지 않기 때문이다. 진정으로 좋아하는 일을 찾아 자신의 삶을 풍성하게 하고 가족과 의미 있는 시간을 만드는 것은 워라밸 시대를 맞이하는 우리 모두의 고민과 노력이 필요한 부분이다.

이제 우리의 고용 환경도 새로운 라이프 스타일 혹은 일자리에 대한 새로운 트렌드가 떠오를 수밖에 없는 구조로 바뀌고 있다. 욜로에 이어 워라밸 트렌드가 부상하면서 젊은이들은 일과 여가, 자기 성장 사이의 균형을 추구한다. 칼퇴근과 사생활을 중시하고 취직을 퇴직 준비와 동일시하는 경향을 보이고 있는 것이다. 이는 곧 직장에 기대하는 가치가 바뀌고 있다는 것을 의미한다.

일과 삶의 균형을 의미하는 '워라밸'

직장에 대한 기대치에 있어서 1990년에는 보다 높은 급료에 후한 점수를 줬다면, 기업 간 경쟁이 치열해진 1990년대 후반부터는 기업의 비전이 회사 선택의 중요한 기준이 되었다. 그러나 2000년대를 보내면서 직장의 안정성을 더 중시하게 되었고, 이제는 워라밸에 무게가 실리고 있는 것이다.

그렇다. 소확행 현상 이면에는 살기 팍팍한 사회 분위기가 반영돼 있다. 특히 2018년 들어서 일과 삶의 균형을 의미하는 워라밸이 큰 이슈로 떠오르는 것은 근로시간이 주당 68시간에서 52시간으로 줄어들며 기업이 경쟁적으로 근무시간 줄이기에 나서고 있는 데 따른 결과다.

이런 트렌드는 사람들이 행복을 찾는 방식이 새로운 국면을 맞이하고 있다는 반증이기도 하다. 돈 벌기, 취직하기, 공부하기, 애 키우기를 비롯해 무엇 하나 녹록지 않은 현실에서 사람들이 부와 성공보다는 취미생활, 커피 한 잔, 산책, 애완동물 등등의 작고 일상적인 것들을 소중히 여기기 시작했다는 것이다. 일상에서 겪는 작은 행복을 놓치지 않겠다는 움직임으로 볼 수 있다.

워라밸을 추구하는 사람들은 좌절에 빠지기보다 실리를 택하고 현실적이면서도 확실한 행복을 선택하는 경향을 보인다. 그 결과 사람들이 SNS에 올리는 내용도 변하고 있다. 자신의 능력과 부를 자랑하는 대신 자신이 성취한 소소한 성과를 올리는 것이다. 그렇다고 해서 소확행이 모든 고민의 답은 아닐 것이다. 소확행은 모든 일을 낙천적이고 긍정적으로 바라봐야 한다는 것도 아니며 큰 행복을 바라지 말라는 패배주의도 아니다. 미래를 위해 계속 꿈을 꾸되 지금 이 순간의 행복 또한 놓치지 말자는 의미다.

미래와 현재의 균형을 잘 맞추며 현재를 즐기는 것이 현명하게 워라밸을 누리는 방법이다. 소확행은 세계적인 추세로서 이미 선진국에서는 널리 퍼져 있다. 이른바 행복의 담론과 가치관이 변하고 있는 것이다.

> "행복이란 인간이 진화하면서 생존하기 위해 만들어낸 산물이며 삶을 지속할 유인책으로서 행복한 순간을 계속 느끼려는 것이다. 부연하여 설명하면 작은 행복을 자주 발견하는 것이 삶의 동력이 되며 이로써 행복해질 수 있다."

사실 워라밸은 1970~80년대 버블경제 붕괴로 경제가 침체하면서 힘들게 지낸 경험을 토대로 소소한 행복을 추구하고자 하는 심리가 담긴 용어이기도 하다. 경기 침체와 개인화가 가속화되면서 혼란과 불확실성 속에서 스스로 자아와 행복을 찾아가는 과정에서 새로운 소비 흐름이 자리잡아 가고 있는 것이다. 그런데 우리보다 먼저 이런 트렌드를 경험한 서양에서의 워라밸이 '직장과 가정의 양립'을 뜻한다면, 최근 우리나라 직장인 사이에서는 '직장과 개인 생활의 양립'이라는 의미로 많이 이해된다.

소확행을 추구하는 이들은 '행복은 강도가 아니라 빈도가 중요하다'고 말한다. 강렬한 기쁨도 결국 시간 앞에서 사그라들기 때문에 평범한 일상에서 자주 느낄 수 있는 소소한 기쁨이 행복의 원천이라는 것이다. 그 결과 평균 해외여행 횟수가 증가했다. 주당 근로시간이 단축되면 해외여행 수요는 더욱 증가할 것이라는 전망이다.

밀레니얼 세대의 가치관, 욜로

욜로(YOLO)는 'You Only Live Once'의 앞 글자를 따서 만든 신조어다. 욜로는 '한 번뿐인 인생'이라는 의미를 담고 있으며 다른 무엇보다도 '나의 행복을 중시하면서 삶의 가치를 현재의 만족도에 두고 살아가는 태도'를 뜻한다.

욜로, 즉 자신의 행복을 중시하며 주도적인 삶을 살아가자는 트렌드가 각광받는 이유는 끊임없이 미래에 대한 대비를 강조하며 현재를 희생하는 자본주의적 가치관에 지친 이가 많기 때문이다. 또한 최근의 사회 분위기가 한 번 사는 인생이니 지금의 만족을 위해 살자는 욜로 가치관과 부합하기 때문이기도 하다.

특히 어린 시절부터 극심한 경쟁 속에서 살아온 젊은 층에서 주로 호응이 크다. 이들은 중산층 부모의 교육열과 충분한 물적 지원으로 문화 소비 수준이 상당히 높은데 성인이 된 후에는 서민으로 살다 보니 괴리감에서 욜로에 호응하는 것이다. 말하자면 욜로는 1980~2000년대 초반 출생자인 밀레니얼 세대의 가치관을 담고 있다. 이들은 가족과 미래를 위해 희생하고 살아온 부모 세대와는 다른 방식의 삶을 추구한다. 그 결과 이들을 대상으로 한 '욜로 라이프 스타일에 대한 생각' 설문조사 결과 대부분이라고 볼 수 있는 84.1%가 긍정적으로 생각한다고 답했다.

욜로를 긍정적으로 생각하는 이유로는 '나중에 후회하지 않을 것 같아서'(60.7%), '자기 주도적 삶을 살 수 있어서'(55.4%)가 다수를 차지했다. 그 외에 '실용적이고 효율적인 것 같아서', '열정적인 것 같아서', '도전정신이 있어 보여서' 등으로 답변했다.

설문조사 결과에서도 알 수 있듯이 이들에게 중요한 것은 '스스로 만족하는 삶'을 누리는 것이다. 하지만 욜로 트렌드가 마냥 긍정적인 것만은 아니다. 현실이 녹록지 않아 좌절하는 이도 늘고 있고 욜로가 버겁다고 느끼는 사람도 있다. 가벼운 사치를 즐길 수 있는 사람은 안정적인 소득이 있거나 부모로부터 도움을 얻을 수 있는 계층인데 그렇지 못한 이들은 실행하기가 만만치 않다.

사실 인간으로 태어난 이상 누구나 욜로를 지향하는 삶을 살고 싶을 것이다. 다만 사회적·관념적인 이유, 즉 사회가 또는 가족이 요구하는 역할에 대한 기대치 때문에 버거운 무게를 지고 가는 것이 당연하게 받아들여졌다. 그런데 100세 시대를 맞아 편승하기 좋은 새로운 트렌드를 만난 것이다. 한순간만이라도 자기를 위해 살고 싶지 않은 사람이 어디 있겠는가?

결국 자신이 원하는 삶을 살기 위해서는 여러 조건 중에서도 재정적인 뒷받침이 필수다. 현재에 집중하고 즐기는 삶을 위해서는 반드시 금전적 뒷받침이 되어야 한다. 수입도 없으면서 욜로만 외친다면 자칫 '개미와 베짱이' 우화에 나오는 베짱이처럼 젊은 날을 허비하고 적자 인생의 소모적인 삶을 보내는 결과를 초래하게 될 것이다.

블록체인, 비트코인의 기회는 있나?

최근 블록체인과 비트코인 바람이 강타하고 있다. 불과 얼마 전까지 우리나라를 비롯한 전 세계가 투기 광풍으로 인해 금융 불안, 국부 유출, 자금 세탁, 비트코인 폐인 양산, 거품의 폭탄 돌리기 등의 문제로 몸살을 앓았다. 다른 나라에 비해 더 심한 몸살을 앓았던 우리 사회는 암호화폐에 대한 각종 논쟁과 투쟁, 투기 등등이 버무려진 비빔 밥상에서 점차 일정한 레시피를 갖추어 가는 모습으로 바뀌고 있는 형국이다.

먼저 우리가 흔히 사용하는 용어인 가상화폐는 '암호화폐(Cryptocurrency)'가 바른 표현이다. 암호화폐는 '블록체인 경제의 거래 수단'이다. 모든 사회적 현상에는 반드시 본질적인 내용이 있다. 한국 사회에서의 비정상적이고 과도한 암호화폐 거래 현상의 원인 역시 단순해 보인다. '급하고 빠름'을 선호하는 국민 성향과 '돈만이 신분 상승의 유일한 돌파구'라는 일부 계층의 절실함이 더해진 결과였다.

소용돌이의 와중에서 블록체인과 암호화폐는 분리해서 발전시켜 나갈 수 있다는 관료들의 의견, 인류 역사상 가장 우아하고도 지적인 사기라는 어느 유명한 분의 주장, 튤립 버블처럼 어느 순간 모든 가치가 제로로 떨어질 것이라는 등등의 코멘트가 난무했다. 미처 경험해보지 않았고 누구도 가보지 않은 길이니 일견 이해는 된다.

더이상 본질과는 상관없는 황당하고 무지한 소리가 들리지 않는 것으로 보아 한국은 불과 몇 달간의 몸살로 암호화폐의 기본은 이해했다고 받아들여도 좋을 것 같다. 소용돌이의 결과는 다음과 같이 이야기할 수 있다.

"보통 사람이 블록체인과 비트코인, 암호화폐 등에 대해 몇 번을 들어도 원리를 이해하기가 쉽지 않다. 하지만 이것들이 앞으로 인터넷 이상으로 영향력이 큰 괴물이 될 거라는 전망에는 대다수가 동의한다."

1990년대 들어 등장한 인터넷이 세상을 바꾸더니 이제는 블록체인이 나타나 큰일을 해내려고 한다. 예컨대 인터넷 시대에 아마존, 페이스북, 구글과 같은 공룡기업이 나타났다면 이제 이보다 더 큰 새로운 기업이 나타날 수도 있다는 것을 보면 우리 앞에 거대한 쓰나미가 밀려오고 있는 것만은 틀림없다.

비트코인은 사토시 나카모토라는 저자가 발표한 한 편의 논문으로부터 출발한다. 이때 비트코인과 블록체인(block chain)은 동전의 앞

뒷면과 같아서 따로 떼어 생각할 수 없다. 블록체인에 비트코인만 있는 게 아니며 블록체인 기술은 중앙의 통제 없이 개인과 개인이 투명하게 거래할 수 있도록 돕기 때문에 무궁무진한 비즈니스 가능성이 열려 있다.

블록체인은 거래 정보를 중앙 서버가 아닌 네트워크에 분산하여 저장 관리하는 장부 또는 플랫폼이라 할 수 있다. 사실 블록체인은 최초의 암호화폐인 비트코인 거래를 확정하고 그 기록을 유지하기 위한 기반 기술로 개발된 것이다. 일반 금융거래는 거래 내역이 금융기관의 서버에 저장된다. 그러나 블록체인은 거래 내역이 비트코인을 사용하는 모든 사람의 컴퓨터에 저장되어 누구나 내역을 확인할 수 있다. 이 때문에 블록체인을 공공 거래장부(public ledger)라고도 부른다.

사실이 이렇다 보니 시가총액 1,400억 달러(약 148조 원)의 공룡기업 IBM이 암호화폐로 비용을 절감하고 순익을 개선한다는 목표 아래 마침내 암호화폐에 뛰어든 것이다. 이보다 더 극적인 것은 디지털 시대의 희생양이었던 코닥의 행보다. 코닥은 지난해 말 블록체인 사진거래 플랫폼인 코닥원을 오픈하고 이 플랫폼에서 사용될 가상통화 코닥코인을 발행하겠다고 밝혔다.

블록체인은 새로운 인터넷이 될 것이다

혹자는 암호화폐 장세를 17세기 네덜란드에서 일어난 튤립 광풍에 비교하기도 한다. 당시 네덜란드는 무역 강국이었고 동인도회사를 설립하면서 막대한 현금을 손에 쥐게 되었다. 그들은 부를 축적하면서 튤립으로 부를 과시하였고, 그 결과 1636년 1월 한 달 동안 튤립 구근 가격이 2,600% 폭등하였다. 당시 황제 품종 구근 하나가 집 3채 가격에 해당하는 2,500길더에 팔리기도 했다.

물론 투기 수요가 가격을 마구 올린다는 점과 그런 투기도 언젠가는 막을 내린다는 점은 모두 사실이다. 그러나 두 가지 사례가 분명히 다른 점은 튤립은 투기가 멈춘 후 사라졌지만 암호화폐는 투기가 멈춘 후에도 사라지지 않을 것이라는 점이다. 오히려 투기가 진정되면 대안 화폐로서의 지위가 더욱 공고해질 것이라는 점에 많은 사람이 동의한다. 그런 면에서 굴곡은 있겠지만 꾸준한 가격 상승과 함께 성장할 것이라는 예측이 가능하다.

블록체인 기술 기반의 비트코인이 처음 나왔을 때만 해도 이 대안적 성격의 화폐가 이렇게 큰 반향을 일으킬 것이라고 예상한 사람은 극소수의 미래학자 외에는 없었다. 한국에서는 암호화폐가 투자나 투기의 도구로 많이 알려져 있지만 이미 세계 곳곳에서 실생활에 화폐의 기능으로 사용되고 있다. 특히 유엔에서는 암호화폐를 난민 원조는 물론이고 환경과 인권 보호에 적극적으로 활용하고 있다.

블록체인은 10여 년 후에는 세상을 지배하는 기술이 될 것이며 새로운 인터넷이 될 것이라는 점에 전문가들의 전망은 일치한다. 말하자면 지구를 한두 사람이나 기존 세력이 지배하는 것이 아니라 모두가 지구의 주인이 되고 같은 권력을 가지게 되는 것과 같은 개념이다.

사실 누구나 경험한 것이지만 얼마 전까지만 해도 사람들과의 대화에서 빠지지 않는 키워드가 바로 비트코인이었다. 이 생소한 단어가 어마어마한 금액과 연결되고 투자자들의 투자 성공 이야기(혹은 인생역전)가 그럴싸하게 카더라 통신과 만나 포장되면서 비트코인은 일종의 사회 현상이 되어 버렸다.

또한 언론에서는 하루가 멀다 하고 여러 암호화폐의 등락에 대해 보도하면서 새로운 이 사회 현상에 기름을 부었다. 암호화폐의 거센 열풍의 진원지로서 무서운 속도로 치솟고 있는 비트코인 가격을 보고 있으면 이것이 정상적인 거래 상황인지 믿겨지지 않는 것이 사실이었다.

더구나 이런 현상에 부채질하듯 구글이 선정한 최고의 미래학자 토마스 프레이(Thomas Frey)는 억만장자가 아닌 조만장자(trillionaire) 배출 가능성이 높은 18개 분야 중 1위가 암호화폐라고 말하고 있다. 무시해 버릴 수 없는 사람의 이야기인데 이런 주장을 한 사람은 또 있다. 실리콘밸리에서 투자의 전설로 알려져 있는 티모시 드레이퍼(Timothy C. Draper) 회장은 2017년 11월 세계지식포럼 강연에서 '앞으로 블록체인 기술에 기반한 암호화폐 사용을 선점한 국가가 부를 독점할 것'이라고 말했다.

개념만으로 보면 블록체인은 공유경제를 표방하고 공유경제는 모든 참여자가 주인이라는 본질에 가장 충실한 것이다. 블록체인 경제는 그 기술적인 특성 때문에 좀 더 정의롭고 공정하며 효율적인 체제로의 진화를 의미한다.

오랫동안 자본이나 권력이 장악했던 헤게모니가 '시민(참여자)'에게로 빠르게 이동할 수밖에 없는 구조라는 사실을 인식한다면 '기회의 문'이라는 슬로건이 그리 멀게만 느껴지지는 않는다. 블록체인 기술 자체가 분산화된 정부를 수십억 명이 나눠 가지는 자유주의적이며 반정부주의적인 성격에서 출발했기 때문이다.

어려운 개념이지만 우리는 사실 통제된 사회에 익숙한 한계를 지닌 것 또한 사실이다. 학교, 군대, 회사 등이 그렇다. 그리고 화폐는 반드시 공인된 당국에 의해 컨트롤되어야 한다고 생각하는 것이 일반적이다. 하지만 블록체인 기술은 이에 정면으로 도전한다. 그 도전은 아무도 통제하지 않으며 누구에게도 권위를 부여하지 않는 것으로 나타난다. 그러면서 다만 스스로 존재할 뿐이다. 말하자면 영어의 'I am……' 정도로 생각할 수 있는데, 결국은 이런 방식의 사고가 인류에 퍼져 나가기 시작했다는 것에 중요한 의미가 있다.

기회는 항상 새로운 쪽에 있다

비트코인이라는 말이 언론에 오르내리게 된 것은 불과 10년이 채 되지 않는다. 사토시 나카모토의 논문이 처음 등장한 게 금융위기 와중인 2009년경이었다. 등장 초기에는 가상의 화폐가 실제 거래의 수단으로 인정받지 못했다. 이제는 호랑이 담배 피던 시절 이야기가 됐지만 일화에 따르면 피자 두 판을 1만 비트코인으로 겨우 바꿀 수 있을 정도였다고 한다.

시작은 미미했지만 여러 진화 단계를 거쳐 1비트코인이 2천만 원을 호가할 정도로 가치가 폭등할 때도 있었다. 한국에서 유독 그 열기가 뜨거웠는데 이것을 빗대 '김치 프리미엄'이라고 부르기도 했다. 이것이 가능했던 것은 실제로 전 세계 비트코인 거래의 상당수가 한국에서 이루어졌기 때문이다.

한국에서 암호화폐 광풍이 불었던 기저에는 팍팍한 사회 현실에 직면한 젊은 층들의 상대적인 박탈감이 크게 자리잡고 있다. 국내 대부분의 일자리가 모여 있고 인구의 절반가량이 살고 있는 거대화된 수도권의 집값은 웬만한 회사원이 수십 년간 모아도 장만할 수 없는 수준이며, 생활수준의 향상과 더불어 실질적 생활비나 물가는 그 이상으로 치솟고 있는 것이 현실이다.

그러다 보니 비싼 등록금을 내고 겨우 대학교를 졸업해도 남는 것은 빚뿐이라는 젊은이들의 절망이 여기저기서 들려온다. 더구나 취직을 해도 결혼이나 출산, 내 집 마련 등은 현실적인 경제적 문제 앞에 가로막혀 한 치도 앞으로 나아갈 수 없다. 말하자면 절망하지 않는 것이 오히려 이상하다.

그런 상태에서 월급을 쪼개 겨우 저축을 하고 있던 이들이 그간 넣었던 적금을 모두 해지하고 하루아침에 수십 퍼센트씩 오른다는 암호화폐에 몽땅 투자하고 싶은 유혹을 느끼는 것은 당연하다. 더구나 주변에서 들리는 카더라 통신은 이런 욕구를 더욱 부추긴다. 출구가 보이지 않는 막막하고 답답한 현실, 그리고 마주하고 싶지 않은 무의식적 욕구와 이에 대한 반동의 형성으로 생긴 근거 없는 환상(fantasy)은 결국 정상적인 투자가 아닌 투기로 몰아갔던 것이다.

과정이야 어찌되었든 월스트리트저널(WSJ)은 '비트코인은 죽더라도 블록체인은 살아남는 이유'라는 제목의 칼럼에서 '블록체인하면 비트코인이 떠오르지만 블록체인은 그것보다 훨씬 더 다양한 비즈니스의 가능성을 가지고 있다'고 주장하면서 블록체인의 특징을 클라우드와 비교한다. 클라우드는 소프트웨어와 데이터를 인터넷으로 연결된 중앙 컴퓨터에 저장하는 기술인데 이때 클라우드 자체는 중앙 서버에 지나지 않지만 많은 기업에게 새로운 비즈니스 기회를 열어준다는 면에서 블록체인과 닮았다고 표현한다. 이해하기 어려운 개념이 서서히 일반 대중 속으로 들어오고 있는 것이다.

그렇다면 전문가들은 비트코인의 미래에 대해 어떤 전망을 내놓고 있을까? 비트코인닷컴의 로저 버(Roger Ver) 대표는 척박한 초기 시장에서 비트코인을 알리기 위해 힘썼으며 초기 투자자로 비트코인 생태계 조성에 기여하여 업계에서는 '비트코인 예수'라고 불린다. 그의 인터뷰 중 일부를 보자.

Q : 비트코인을 처음 접한 계기는?

A : 2011년쯤이다. 비트코인이 하나에 1달러도 안 했던 것 같다. 라디오를 듣는데 거기서 '실크로드'에 대한 이야기가 나오더라. 마약이 많이 거래되는 사이트라는데 난 마약에는 전혀 관심 없었고 거기서 쓰는 '돈'에 관심이 갔다. 그게 비트코인이다. (실크로드는 마약 등 불법 물품이 거래되는 웹사이트로 2013년 미연방수사국(FBI)이 사이트를 폐쇄하면서 약 14만 4,000개의 비트코인을 압수했다.)

Q : 왜 비트코인에 끌렸나?

A : 2,100만 개로 공급이 제한됐고 전 세계 어디에서든지 즉각적으로 돈을 주고받을 수 있으며 전송 수수료는 거의 무료인데다 익명성도 보장된다는 점 때문이다.

Q : 비트코인을 금과 같은 가치 저장의 수단으로 보기도 하는데?

A : 금이 가치 저장의 수단이 될 수 있는 것은 사용처가 있기 때문이다. 전자제품에 들어가고 충치 치료에 쓰이고. 사용할 수 있기 때문에

가치 저장 수단이 된다. 비트코인이 상거래에 쓰이지 못한다면 비트코인은 가치 저장 수단으로서의 가치도 상실할 것이다. 교환의 매개와 가치 저장의 수단이라는 화폐의 기능 두 가지는 분리될 수 없다.

인터넷이 세상에 나온 지 20년 가까이 되었다. 이제 인터넷은 공기처럼 어디에나 있고 전기처럼 없으면 안 되는 세상이 되었다. 전문가들은 블록체인도 인터넷과 비슷한 과정을 거치면서 인터넷 이상의 영향력을 발휘할 거라고 말한다. 이제 우리가 할 일은 블록체인을 받아들일지 말지의 문제가 아니라 이미 현실화되고 있는 블록체인을 하루 빨리 이해하고 이를 각 분야에 잘 활용해 나가는 일이다.

변화의 소용돌이 속에서 불필요한 부분을 정리하고 현실에 맞게 바꾸어 가는 것도 블록체인 혁명을 제대로 완수해 나가는 데 필수적임은 두말할 필요가 없다. 결국 어떻게 표현하든 또 그것이 광풍이든 아니든 상관없이 관심을 가져야 하는 것만은 분명하다. 왜냐하면 항상 그렇지만 기회는 새로운 쪽에 있는 거니까.

새로운 20대 80의 사회가 오고 있다

많은 이들의 관심과 함께 그만큼 말도 많은 4차 산업혁명 시대가 성큼 다가왔다. 체감도 측면에서의 '혁명'까지는 아니더라도 지금 이 순간에도 세계 각국과 기업들은 초지능화 시대를 주도하기 위한 치열한 생존 경쟁을 벌이고 있다. 4차 산업혁명이 글로벌 경제를 관통할 새로운 트렌드로 떠오르면서 개인 차원에서 가장 큰 관심은 미래 일자리에 대한 것이며 과연 '혁명의 시대를 어떻게 살아가야 할까?'일 것이다.

일각에서는 인공지능이 인간의 일자리 대부분을 잠식하며 결국에는 '직업의 종말'을 가져올 거라고 겁을 주고 있다. 대표적으로 영국 옥스퍼드 대학 연구팀은 현재 직업의 47%가 사라질 거라고 예측하며, 다보스포럼은 2020년까지 500만 개 이상의 일자리가 증발할 거라고 전망했다.

일본의 경영 컨설턴트인 스즈키 타카히로는 자신의 저서 《직업소멸》에서 "30년 후에는 대부분의 인간이 일자리를 잃고 소일거리나 하며 살 것"이라는 비관적인 전망을 내놓고 있다. 그뿐만이 아니다. 미래 사회에 가장 가까이 가 있는 사람 중 하나로 자타가 공인하는 테슬라 자동차의 CEO 일론 머스크(Elon Musk)가 2017년 두바이에서 열린 국제기구 회의(World Government Summit)에서 한 연설의 맥락은 다음과 같다.

"가까운 미래에는 인공지능의 상용화로 인간의 20%만이 의미 있는 직업을 갖게 될 것이다."

부연 설명하면 그는 인공지능의 발전으로 인해 현존하는 일자리의 상당 부분이 없어질 거라고 이야기하는 것이다. 달리 말하면 직업을 갖지 못한 사람이 80%에 이른다는 것인데 과장이라고 무시하기에는 무게감이 너무 큰 사람의 이야기다.

한편 '인공지능과 로봇이 일자리를 빼앗는다'는 전망들이 지나치게 공포를 과장하고 있다는 의견도 등장한다. 2018년 초에 발표한 OECD 최신 보고서에서는 실제 자동화로 없어지는 선진국 일자리는 이전에 알려진 것보다 적을 것으로 전망했다. 보고서는 공장 자동화, 인공지능 도입 등으로 수많은 인간의 일자리가 사라질 것이라는 예측은 과장됐다고 밝히면서 구체적으로 선진국 일자리 가운데 약 14%가 '자동화될 가능성이 매우 높다'고 예상했다.

이는 옥스퍼드 대학의 칼 프레이와 마이클 오스본이 추산해 공포를 불러일으켰던 이전 전망에 비해 크게 낮은 수준이다. 프레이와 오스본은 미국에서만 4차 산업혁명의 여파로 없어질 일자리가 전체 일자리의 절반에 가까운 47%에 이를 것으로 예상한 바 있다. 이렇게 수많은 전망이 난무하지만 4차 산업혁명의 여파에 대한 어떤 단체, 어느 누구에 의한 전망에서나 공통적인 것은 특히 여성에게 치명타를 미칠 것이라는 점이다.

세계경제포럼이 보스턴컨설팅그룹과 공동으로 미국 내 1천여 개 직종을 대상으로 조사한 내용에 따르면 사라지는 일자리의 57%는 여성의 일자리라는 라는 것이다. 말하자면 4차 산업혁명의 여파로 인해 여성이 주로 종사하는 일자리가 더 큰 영향을 받는다는 전망을 내놓고 있다. 구체적으로는 사무보조와 생산직으로 이들 자리의 절반 이상이 여성이 종사하는 직업이라는 특징을 보인다. 이런 조사 결과는 4차 산업혁명에 제대로 대비하지 않으면 남녀 불평등이 더 심해질 수밖에 없다는 의미를 담고 있다.

전문직도 강타하는 거센 돌풍

이런 거센 돌풍은 한국도 예외가 아닌데 2017년 한국고용정보원은 현재 사람이 수행하는 업무의 상당 부분이 없어질 거라고 예측했다. 구체적으로는 국내 398개 직업이 요구하는 역량 중 84.7%는 인공지능이 인간보다 같거나 월등할 거라고 한다. 전문 영역으로 꼽혔던 의사(70%)나 교수(59.3%), 변호사(48.1%) 등의 역량도 대부분 인공지능으로 대체될 거라는 설명을 덧붙였다.

2016년 발간된 '유엔 미래보고서 2045'는 30년 후 인공지능으로 대체될 위험성이 큰 직업 중 하나로 변호사를 꼽았는데 사실 그때까지 갈 것도 없다. 미국 뉴욕의 100년 전통 로펌인 베이커앤호스테틀러가 인공지능 변호사인 로스(ROSS)를 처음 '채용'한 게 2016년 5월로 이 소식은 전 세계적으로 화제가 된 바 있다.

그로부터 불과 2년 만에 우리나라에서도 인공지능 변호사가 현실로 다가왔다. 한국의 첫 인공지능 변호사인 유렉스가 2018년 2월에 변호사만 150여 명인 대형 법무법인인 대륙아주에 '취직'을 한 것이다. 유렉스는 그동안 담당 변호사와 법률 비서 여러 명이 짧게는 수일에서 길게는 몇 달씩 걸려 작업하던 관련 법 조항 검토와 판례 분석 등 사전 리서치 업무를 20~30초 만에 해치우는 괴력을 발휘하며 빠르게 업무에 적응하고 있다고 한다. 변호사들에게는 암울한 소식임에 틀림없다.

4차 산업혁명으로 많은 일자리가 사라져 버리는 것도 문제지만 더 큰 문제는 직업의 감소가 서서히 이뤄지는 게 아니라 어느 날 갑자기 직업이 증발해 버린다는 것이다.

가령 미국에서 1880년대 처음 등장한 엘리베이터 도우미가 1950년대에는 12만 명으로 정점을 찍었지만, 불과 10여 년 후에는 6만 명으로 반토막 나더니 얼마 후 흔적도 없이 사라져 버렸다.

이와 비슷한 일이 조만간 운수 산업에서도 일어날 전망인데 이는 자율주행 기술의 개발로 운전기사라는 직업 자체가 '증발'해 버릴 것이라는 예측이다. 실례로 2018년 3월 31일 시범 운행을 시작한 상하이의 첫 무인 모노레일(APM)이 이를 증명한다. 최초의 고무 타이어 지하철이자 전자동 무인 시스템으로 차량 내부에는 운전기사나 운행 관리자 등 사람은 일체 탑승하지 않고 열차 스스로 시스템을 제어하고 운행 상황을 감시하는 것이다.

이뿐만이 아니다. 세계 최대 유통업체인 미국 월마트는 최근 미국 내 50개 점포에 '보사노바(bossa nova)'라는 로봇을 도입했다. 미국 로봇 업체 보사노바 로보틱스가 개발한 대형 여행가방 크기의 이 인공지능 로봇은 사람을 피하면서 매장 내를 자유롭게 돌아다닌다. 그러면서 15만 가지에 이르는 상품을 일일이 체크하고 재고가 부족하거나 가격표가 잘못 붙어 있지는 않은지 확인한 후 이상이 발견되면 곧바로 중앙 시스템에 알려 조치를 취하게 한다. 이제 더이상 사람이 필요 없는 것이다. 더구나 사람보다 훨씬 꼼꼼하고 빠르게 일을 처리한다는 사실이 중요하다.

한국노동연구원에서 발표한 '기술 진보에 따른 노동시장 변화와 대응' 자료에 따르면 한국 전체 일자리의 55%가 기계로 대체될 위험이 높은 직업군이었고, 한국고용정보연구원은 2025년 기계로 대체될 위험이 높은 직업의 비중은 70.6%에 육박할 것으로 내다봤다. 이웃 나라 중국에서 있었던 충격적인 사례가 우리 앞에 현실로 다가오고 있는 것이다.

최근 중국에서 2만 명이 근무하던 한 공장에 로봇이 투입된 뒤에 그 로봇을 관리하는 직원 100명으로 공장이 운영되고 있다. 말하자면 로봇의 도입으로 19,900명이 일자리를 잃은 것이다. 충격이 아닐 수 없다.

게다가 다른 나라와 달리 한국이 이와 같은 쓰나미의 여파가 가장 빨리 더 크게 올 수도 있다고 한다. 그 근거는 한국의 로봇 밀도(노동자 1만 명당 로봇 수)가 2013년 437대로 세계 1위라는 사실이다. 2위 일본(323대)보다 100대가 더 많다. 한국 제조업의 중심이 전자, 자동차 등 로봇으로 자동화하기 쉬운 산업이기 때문이다.

예컨대 자동차 산업에서는 1980년대부터 로봇이 운용됐다. 현대자동차 공장의 용접용 로봇과 인공지능은 관련 기술 발전과 함께 숙련 노동과 전문직 일자리도 대체하기 시작했다. 중요한 것은 로봇으로의 인력 대체는 노동시장 공동화를 일으켜 계층 간 불평등을 심화시킬 수 있다는 점이다. 자동화 압력이 거세지면 시간이 갈수록 노동시장 양극화가 더 심해질 것은 뻔한 이치다.

경쟁자는 로봇과 인공지능

인공지능과 자동화가 인간의 일자리 대부분 잠식하면서 '직업의 종말'을 가져올 것이라는 다소 극단적 예측이 힘을 얻고 있다. 우려스러운 것은 우리나라의 경우 4차 산업혁명에 대한 대응이 늦어지면서 주력 산업의 생산성 하락 타격에 직간접적으로 노출돼 있는 점이다. 무엇보다 인공지능은 사무, 행정, 제조, 건설 등 주로 제조업 기반의 전통적 노동시장의 상당 부분을 잠식할 가능성이 크다.

한편으로는 4차 산업혁명 시대가 발전할수록 인간의 비교 우위가 지켜질 분야도 있다. 이발사, 승무원, 코디네이터, 제빵사 등 섬세한 사람의 손길이 필요한 분야인데 이 분야는 로봇 개발이 어렵고 개발하더라도 경제성이 떨어지기 때문이다.

또한 첨단과학이 발달하면서 양극화가 심해지고 상대적으로 소외되고 어려운 사람이 많아질 수 있어 이들을 돌보고 삶의 질을 개선하는 분야의 일자리가 늘어날 것이라는 전망도 있다. 대표적으로 사회복지사 같은 시니어 대상 산업으로 다른 사람과 정서적으로 교감을 나눠야 하는 직업이 끝까지 경쟁력을 지킬 것으로 보인다.

이것을 예측이라도 하듯이 앨빈 토플러는 "가까운 미래에 직장은 없어지고 직업만이 남게 될 것이다. 이러한 변화를 거부하는 것은 곧 미래도 포기하는 것이다"라고 말했다. 그렇다면 변화를 눈치채지 못한 사람이나 변화가 두려워 지금의 현실에 안주하는 사람은 어떻게 될까? 간단하다. 자본가들이 구축해 놓은 시스템 속에서 기계처럼 일만 하며 평생을 그렇게 살다가 생을 마감하게 된다.

수많은 전문가와 미래학자들은 21세기에는 노동과 소유의 종말이 오고 네트워크 사회가 될 것이라고 입을 모은다. 다보스 포럼 역시 21세기 경제를 '네트워크 경제'라고 선언했다. 한마디로 시간과 노동을 맞바꾸며 살아가는 사람들 중 다수가 몰락하고 네트워크(플랫폼)를 소유한 사람이 부와 명예를 한꺼번에 거머쥐게 된다는 것이다.

세상이 불공평하다고 불평해도 소용없다. 그것은 막을 수 없는 흐름이기 때문이다. 다행스러운 것은 4차 산업혁명이라는 지금의 격변기에는 누구에게나 부자가 될 수 있는 기회의 문이 열려 있다는 점이다. 그것을 받아들일 마음의 문만 열려 있다면 말이다.

지금까지 설명으로 유추해 보면 4차 산업혁명을 비관하는 사람들은 생산성이 증가하고 경제가 성장해도 고용은 늘지 않아 중산층이 무너질 수 있다고 본다. 또한 그들은 새로운 일자리가 생기더라도 전환하는 데 시간이 걸리고 또 그 일자리의 질이 낮을 수도 있다는 점을 우려한다. 무엇보다 노동시장이 바뀌는 과정에서 일자리의 양적 감소와 고용의 질적 저하 그리고 과거 직업 종사자들의 도태가 일어날 수 있다고 지적한다.

결론적으로 '로봇과 인공지능은 거스를 수 없는 흐름'이며, 이는 결국 '앞으로의 구직 시장에서 가장 큰 경쟁자는 다른 사람이 아닌 로봇과 인공지능이 될 것'이라는 의미로 받아들일 수 있다.

이것을 다시 해석하면 인공지능과 로봇이라는 흐름을 거스를 수 없다면 적극적으로 받아들이되 '피해는 줄이고 이익은 늘리는 데 집중해야 한다'는 이야기가 된다. 그러나 불행하게도 비관적인 전망, 즉 '인공지능과 로봇의 발달이 우리의 일터를 빼앗지 않을까' 하는 우려를 증명이나 하듯이 최근 전 세계적으로 암울한 뉴스들이 쏟아지고 있다.

가령 뉴욕증권거래소에서 매매하는 주식 거래의 75% 이상이 인공지능 로봇에 의해 이루어진다고 한다. 그 결과 뉴욕증권거래소 하면 연상되는 주식거래인(trader)이 큰 목소리로 외치는 모습은 사라지고 이제는 한 명의 트레이더 앞에 12대의 모니터만 있는 모습으로 변모하고 있다. 이처럼 어떤 일을 하는 데 필요한 절차와 동작인 '알고리즘'을 갖춘 일 중 대다수는 앞으로 로봇이 차지하게 될 것이다. 그런 전망을 뉴욕증권거래소 풍경이 극명하게 보여주고 있는 것이다. 그 결과는 안타깝게도 앞에서 앤드루 교수가 말한 "기술 발전으로 불평등이 심화돼 1%의 1%(전체 인구의 0.01%)가 부의 대부분을 차지할 수도 있다"는 경고에 잘 나타나 있다.

불행하게도 낙관보다는 비관적인 전망이 대세인 상황에서 우리는 결국 다빈치 연구소장으로 미래학자인 토머스 프레이가 말한 긍정적인 전망, 즉 '앞으로 증강현실 건축가나 도시농업 경영자, 소셜 교육 전문가, 기후변화 전문가 등의 직업이 생길 것'이라는 예측과 '10년 후에 등장할 일자리의 60%는 아직 탄생하지도 않았다'는 말에 희망을 가질 수밖에 없는 안타까운 현실로 내몰리고 있다.

3장

"누가 골드러시에서 돈을 벌었나"

누가 골드러시에서 돈을 벌었나

밀림의 제왕이라는 사자도 사냥을 할 때마다 항상 성공하는 것은 아니다. 사슴 한 마리를 잡기 위해 힘껏 달려도 성공할 때보다 실패하는 경우가 더 많다. 왜 그럴까? 사자는 한 끼의 식사를 위해 달리지만 사슴은 살기 위해 달리기 때문이다. 물론 사냥에 실패하면 굶어야 하기 때문에 사자도 집중을 해야만 한다.

'동물의 왕국'이라는 TV 프로그램을 보면 초식동물인 누우 떼는 아프리카 케냐 세렝게티에서 물과 풀을 찾아 탄자니아 마사이 마라의 마라강을 건넌다. 그런데 그 강에는 악어가 득시글거리고 있다. 강을 건너 반대편 언덕으로 올라야 하는 누우는 어쩔 수 없이 강에 뛰어드는데 그중에는 스스로 악어의 먹이가 되는 녀석이 있다. 악어가 득시글거리는 물속으로 뛰어들어 죽음으로 가는 녀석(퍼스트 누우)으로 인해 나머지는 무사히 강을 건널 수 있게 된다.

처음 물속으로 뛰어드는 녀석들이 있기에 수많은 누우 떼들이 용기를 내 마라강으로 힘차게 뛰어들어 무사히 물과 풀이 있는 곳으로 갈 수 있고, 그 결과 수백만 년이 지난 후에도 평균 5백만 마리의 개체수를 유지할 수 있는 것인지 모른다. 어찌 보면 아프리카 생태계에서 진정 강한 놈은 사자가 아닌 누우 떼가 아닐까?

이렇게 거친 야생에서 살아가는 대평원 동물의 삶은 고달프다. 밤낮으로 천적들을 경계하며 먹잇감을 찾아야 하고 군집생활로 인한 집단 내부 경쟁도 치열하다. 반면 동물원에 안주해 있는 동물은 안전하다. 야생과 달리 동물원에서는 위생적인 환경에서 굶주리지 않으며 사육사들이 24시간 대기하면서 물과 식량 같은 필수품을 공급해 주고 병이 나면 치료도 해준다. 절박할 것이 없다.

야생 생태계에서의 삶은 개체 단위에서는 고달프다. 하지만 개체가 감당해야 하는 절박함은 생존에의 역동성을 높임으로써 집단을 유지하고 진화하는 메커니즘으로 작동한다. 반대로 동물원 보호 속에 있는 동물은 개체 차원의 안정성은 높지만 역동성은 실종된 화석(化石) 같은 존재가 된다.

미래 사회도 다르지 않다. 물론 훗날의 인류는 지금처럼 많은 일을 하지 않고도 더 많은 물질적 풍요를 누릴 수 있을 것이다. 하지만 제대로 준비하지 않는다면 풍요의 혜택도 누릴 수 없거니와 삶의 목표를 잃어 버린 채 인생을 허비하면서 의미 없이 연명하는 동물원의 화석 같은 존재가 되지 않는다는 보장은 없다.

실제로 빌 게이츠는 자동화로 일자리를 잃을 노동자들을 위해 '로봇세'를 걷자고 제안한다. 그는 "모든 노동자에게 세금이 부과되는 것처럼 로봇에게도 세금을 매겨 일자리를 잃은 사람에게 소득을 제공해야 한다"고 주장한다.

자칫하면 인간이 기계에 밀려 진짜 화석이 되는 것을 피할 수 없는 상황이 올 수 있다. 그러므로 우리는 인공지능 시대의 도래에 대비하여 무엇을 하고 무엇을 준비해야 할지를 고민해야 한다. 그 '무엇'은 아마도 인간의 정체성을 토대로 하면서도 기계가 할 수 없는 일, 창의적이며 감성적인 일 등 오직 인간만이 할 수 있는 것들이어야 할 것이다. 이때 필요한 것이 과거 급격한 혁명기에 사람들이 어떻게 대처했는가를 아는 것이다.

일확천금의 꿈을 좇아 대거 몰려들다

본격적인 골드러시는 아직 서부가 개발되기 전의 캘리포니아 새크라멘토 강 근처에 있는 존 서터(John Sutter) 제재소에서 금이 발견되면서 시작되었다. 1848년 1월 24일 존 서터가 제재소를 건설하고 있는 동안 그의 목수인 제임스 마셜(James Marshall)이 우연히 강물 속에서 빛나는 무언가를 발견하게 된다. 금이었다. 처음에 그는 자신의 눈을 믿을 수 없었지만 틀림없는 금, 바로 노다지였다. 서터와 마셜은 이 엄청난 비밀을 독차지하기 위해 서로 동업자가 되기로 약속하고 금을 발견했다는 사실을 비밀에 부치기로 한다.

당시는 라디오나 텔레비전도 없던 시절이었기에 캘리포니아에서 금이 발견됐다는 소식이 미국 동부에 전해지기까지는 상당한 시간이 소요되었다. 그러나 하늘 아래 비밀은 없다는 말처럼 얼마 지나지 않아 이 엄청난 소식은 외부에 알려지게 되었고 이는 수만 명이 금을 찾아 서부로 서부로 향하게 되는 '골드러시(Gold Rush)'로 이어졌다. 소식을 접한 수많은 사람들이 일확천금을 좇아 제재소로 몰려든 것은 당연한 일이었다. 이에 따라 본격적인 골드러시는 이듬해인 1849년에 일어난다.

미국 사회를 끓어오르게 했던 황금 발견 소문은 사람들을 오지 중의 오지인 캘리포니아로 불러들였다. 그곳에 가면 벼락부자가 된다는 소문은 미국 동부를 넘어 전 세계로 퍼져 나갔고 노다지를 찾아 새크라멘토로 향하게 했다.

처음에는 대단한 돈벌이가 되기도 했다. 한 달 월급이 10불 정도에 불과하던 당시에 금을 캐는 사람은 한 달에 300불을 버는 일도 쉽다고 알려졌다. 그런 소문은 더욱 사람들을 유혹했고 결국 그들은 직장을 팽개치고 노다지를 캐기 위해 광산으로 향했다. 그중에는 공무원, 신문기자는 물론이고 군인, 의사, 판사 등 상류층 사람들도 있었다.

이들이 노다지를 찾아 떠나자 공장과 사무실은 휴업을 해야 했고, 선원들이 모조리 빠져나가는 바람에 선원을 구하지 못해 선주들은 배의 운항을 중지할 수밖에 없었으며 임자 잃은 배들로 인해 항구는 제 기능이 정지될 정도였다. 이렇게 성별이나 직업 유무에 관계없이 모두가 새크라멘토 강으로 달려가면서 근처의 작은 도시 샌프란시스코는 텅 빈 도시로 변해갔다.

노다지에 대한 소문은 미국 동부에만 퍼진 것이 아니라 유럽, 중남미, 하와이, 중국에도 알려졌다. 금을 찾아온 사람들의 다수는 미국인이었지만 멕시코인, 중국인, 영국인, 호주인도 있었으며 프랑스인이나 라틴 아메리카인, 필리핀인이나 바스크인, 터키인과 같은 소수집단 광부들도 있었다.

현실은 거부의 꿈과는 거리가 멀었다

노다지를 찾아 세계 각국으로부터 수많은 사람들이 북부 아메리카의 강변으로 몰려들었다. 문제는 열악한 교통수단이었다. 당시 서부는 미개척 상황이라 이동 자체가 쉽지 않았다. 그러나 그들은 금을 찾아 몇 달에 걸쳐 도보로 혹은 마차를 타고 미국 동부에서 서부로 향했다. 말이나 짐마차 같은 원시적인 이동 수단에 몸을 맡기고 험준한 로키 산맥을 넘어 무려 3,200㎞를 횡단한 것이다. 그 과정에서 인디언과 사투를 벌여야 했다. 서부 영화에서 흔히 봤던 활극은 주로 이때를 소재로 한다.

유럽 사람들은 작은 배를 타고 아프리카 남단 희망봉을 지나 인도양, 태평양을 건너서 캘리포니아로 향했으며, 어떤 이들은 남미의 남단 마젤란 해협을 거쳐서 북쪽으로 올라와 대서양을 가로질러 파나마 호수(파나마 운하가 건설되기 전)를 건너 태평양에서 새크라멘트로 향했다. 중국, 호주, 하와이 사람들은 몇 달씩 배를 타고 태평양을 건너 캘리포니아로 찾아들었다.

당시 기록에 의하면 이동 과정에서만 2만 명 이상이 사망할 정도였다니 얼마나 힘들고 어려운 여정이었는지 짐작이 가고도 남는다. 그런 우여곡절을 겪으면서 사람들이 캘리포니아로 이주해 왔는데 이듬해인 1849년이 절정이었다. 이때는 미국뿐만 아니라 전 세계로부터 약 10만 명이 몰려들었다.

1849년에 골드러시 기간 동안을 통틀어 가장 많은 이주민이 찾아온다. 이때 이주해 온 사람들을 '포티나이너스(Forty-niners)'라고 부르는데 1849년의 '49'를 따서 그렇게 부르는 것이다.

골드러시 당시의 노래로 우리에게 널리 알려진 미국 민요 '클레멘타인'에도 'Dwelt a miner, forty-niner'로 포티나이너라는 용어가 등장한다. 여러 경로로 캘리포니아를 찾는 포티나이너스의 숫자는 점점 늘어 1853년에는 그 수가 25만 명에 달하게 된다.

금을 찾아 서부로 오는 과정은 힘들었으나 금을 캐는 작업은 비교적 간단했다. 흙을 파낼 곡괭이와 삽, 냄비 하나만 있으면 되었다. 강 밑의 흙을 파서 강물에 흔들면 가벼운 흙은 떠내려가고 무겁고 반짝이는 금만 남는 식이었다. 실제로 금도 많이 채굴되었다.

1848년부터 1858년까지 약 10년 동안 5억 5천만 달러 정도의 금을 캐냈는데 이것은 당시 미국연방 1년 예산의 몇 배에 해당하는 엄청나게 큰돈이었다. 그러나 정부와 일부 자본가와 광산업자들이 과실을 독점하고, 정작 고생고생하며 금을 찾아 오지인 캘리포니아로 온 광부들, 즉 포티나이너스의 현실은 거부의 꿈과는 너무나 거리가 멀었다.

대부분의 포티나이너스는 열악한 조건에서 가혹한 노동과 혹독한 추위 그리고 굶주림에 시달렸다. 거친 노동과 부실한 식사로 인한 영양실조와 인디언의 습격으로 죽어가는 사람도 부지기수였으며, 힘들게 하루 일과를 마치고 집에 들어가면 구멍이 숭숭 뚫린 지붕에선 비가 새고 편안히 쉬어야 할 방 안에는 독사가 똬리를 틀고 있기가 일쑤였다.

더구나 수십만 명이 강바닥을 훑으며 금을 찾아 나서자 한정된 자원은 금방 바닥이 났고 당연히 한몫 챙겨 고향으로 돌아가려던 꿈에도 차질이 생겼다. 그곳에 모인 노동자들, 특히 외국에서 온 사람은 거의 남자였고 당연히 광산 지대에는 술과 도박, 창녀 그리고 범죄가 판을 치게 되었다. 이런 열악한 환경에 더해 몰려든 사람들이 다국적 성격이라 전통적인 윤리관도 통용되지 못했다.

이것이 초기 캘리포니아를 형성한 기초인데 동부에서는 '모험가들이 몰려드는 곳' 혹은 '미친놈들이 사는 곳'이라고 불렀다. 양극단의 평가를 한 것이다. 이윽고 광산 지대가 불법적이고 폭력적인 장소로 변모하자 정부의 감시 체제와 함께 법이 강화되었다.

채굴 가능한 매장량이 고갈되고 끊임없이 유입되던 사람도 주춤해지며 골드러시의 세력은 점차 약화되었다. 더구나 금을 채굴하는 데 있어 효율적인 장비를 갖춘 기계가 사람을 대신하면서 광부들은 돌아갈 여비조차 마련하지 못했다. 그러면서 많은 노동자가 굶어 죽거나 이질 등 전염병 또는 도박과 술과 범죄로 죽어갔다.

오! 마이 달링, 클레멘타인

골드러시가 시작되고 대거 몰려든 포티나이너스에 의해 처음에는 엄청난 금을 캐낸 것이 사실이다. 당시로서는 아주 큰돈이었지만 그들 모두가 거부의 꿈을 이룬 것은 아니었다. 더구나 자신들이 피땀 흘려 캐낸 황금이 뉴욕과 샌프란시스코 등지의 돈 많은 자본가들의 배를 불리고 있다는 사실을 알았을 때 허탈감과 좌절감에 사로잡

힌 포티나이너스 사이에서는 자조적인 노랫가락이 흘러나오기 시작했다.

골드러시 당시 광부들의 열악하고 고단한 삶을 노래한 것이 '오! 마이 달링, 클레멘타인(Oh! My Darling, Clementine)'인데 '매기의 추억'이나 '스와니 강' 등과 함께 미국을 대표하는 민요다. 애잔한 선율로 미국뿐 아니라 전 세계적으로 많은 사랑을 받고 있는 노래이기도 하다. 스페인 발라드풍의 민요로서 내용은 골드러시 당시 강에서 사금을 캐는 아버지를 따라온 어린 소녀가 물가에서 놀다 급류에 휩쓸려 실종된 것을 탄식하며 부른 노래였다.

금을 찾아 어린 딸을 데리고 서부로 왔지만 환경은 너무 열악해 동굴을 집 삼아 계곡에서 금맥을 찾을 수밖에 없었다. 그런데 그 딸이 어느 날 오리를 몰고 집 앞 물가로 나갔다가 장마에 물이 불어난 강에 발을 헛디뎌 떠내려가게 되었다. 수영을 할 줄 모르는 늙은 아비는 가엾은 딸이 물살에 떠내려가는 모습을 넋 놓고 바라볼 수밖에 없었다. 광부는 딸을 그리워하며 슬픈 노래를 흥얼거렸고 이 사연을 알게 된 광부들도 같이 노래를 따라 부르게 된다.

Oh My Darling, Clementine.

In a canyon, In a cavern Excavating for a mine.

Dwelt a miner, forty-niner And his daughter Clementine.

깊은 계곡 광산 마을 동굴 집이 있었네.

늙은 아빠 어여쁜 딸 사랑으로 살았네.

오, 내 사랑, 오, 내 사랑 귀여운 내 클레멘타인.

너는 영영 가 버리고 나만 홀로 남았네.

이젠 다시 볼 수 없네, 요정 같던 그 모습.

네가 신던 작은 신발 내 마음이 아프다.

오, 내 사랑, 오, 내 사랑, 귀여운 내 클레멘타인.

너의 모습 늘 그리며 나만 슬피 남았네.

노래에서 'mine'은 금광을 의미하고 'forty-niner'는 금을 캐기 위해 대거 몰려든 사람들을 가리킨다. 말하자면 이 노래는 '광부와 딸'이 주인공이었지만 더 나아가 그 당시 고달팠던 광부들의 생활을 반영한 것이다. 포티나이너스의 한숨과 눈물이 담긴, 그들이 느끼는 상실과 박탈감을 대변해 주는 노래로 유행하며 널리 퍼져 나간다.

이 노래는 존 포드 감독의 1946년 영화 〈황야의 결투(원제 : My darling Clementine)〉에서 타이틀곡으로 화려하게 등장하기도 했는데 우리나라에 전해진 것은 3·1 운동 직후라고 한다. 당시 소설가 박태원 씨에 의해 우리의 정서에 맞게 가사가 바뀌었는데, 이 애조 띤 노래는 나라를 잃은 슬픔에 절망하고 있던 우리 민중 사이에 널리 애창되기 시작했다. 누구나 어렸을 때 한 번쯤은 들어봤을 노래다.

넓고 넓은 바닷가에 오막살이 집 한 채.

고기 잡는 아버지와 철 모르는 딸 있네.

내 사랑아, 내 사랑아, 나의 사랑 클레멘타인.

늙은 아비 혼자 두고 영영 어디 갔느냐.

처음에는 많은 신흥 도시가 그렇듯이 갑작스러운 인구의 유입으로 샌프란시스코나 금광 가까운 마을의 기반 시설에 체증이 시작되었다. 사람들은 텐트, 목재의 가건물, 오두막 혹은 버려진 선박에서 뜯어낸 선실에서 살기도 하였다. 또한 금이 발견된 곳이라면 어디에서라도 수백 명의 광부가 공동으로 캠프를 만들고 그 권리를 주장했다. 각각의 캠프에는 러프 앤드 레디(Rough & Ready), 행 타운(Hang Town) 따위의 이름을 붙였고 캠프에는 술집이나 도박장이 생겨났다.

골드러시 덕에 몰려든 사람들로 인해 새로운 비즈니스가 등장했다. 서부에 도착한 사람들의 수요를 충족시키기 위해 전 세계로부터 상품을 실어 나르는 선박들이 샌프란시스코로 향했다. 이렇게 급증하는 선박을 이용하여 유럽, 중국, 스코틀랜드 등지의 물품이 샌프란시스코로 몰렸다.

골드러시 당시에 항구의 부두와 도크에 버려진 채 남아 있던 수백 척의 배 중 상당수는 늘어나는 주거 수요에 따라 마을의 건축물을 짓기 위한 토지 매립재로 쓰이기도 했다. 또한 건축업자들은 버려진 선박을 이용해 창고, 술집, 호텔, 심지어는 감옥 시설로까지 사용하였다.

이윽고 많은 사람들의 한숨 속에 1853년경 붐비던 광산촌은 금이 고갈되면서 헌 집만 남고 사람들이 떠나 버려 유령도시(ghost town)가 되어갔다. 고향으로 돌아갈 처지도 안 되어 캘리포니아에서 살 길을 찾아야만 했던 포티나이너스에게 그나마 다행스러운 것은 금은 고갈되었지만 비옥한 땅과 삼림자원, 어업자원 등으로 원하는 만큼 경제활동을 얼마든지 할 수 있는 곳이라는 점이었다.

골드러시로 돈 번 사람은 따로 있다

사실 미국 역사에서 골드러시는 남북전쟁만큼이나 큰 획을 그은 사건으로 여겨지고 있다. 결과적으로 금을 찾아 부자가 된 사람은 극소수였지만 골드러시를 통해 몰려든 인구는 미국 서부 개척을 촉진한 원동력이 됐다. 이때 비로소 캘리포니아 등 서부의 주(州)들이 미국 영토로서 의미 있는 발전을 시작했으며, 채굴된 금은 미국의 산업화를 뒷받침하는 든든한 재원이 되었다. 미국으로서는 기대하지 않았던 부수 효과를 톡톡히 누린 셈이었다.

당시에 포티나이너스의 적극적인 이동과 광산 채굴에 힘입어 미국 금 생산량은 4만 3,000온스(약 1.22톤)에서 1853년에는 193만 5,000온스(약 54.8톤)로 증가하게 된다. 이는 세계 경제의 근간을 바꿔놓게 되는데 미국의 엄청난 금 생산량에 의해 이전까지는 은본위제였으나 이때 비로소 금본위제로 바뀌게 된 것이다. 또한 1850년부터 1870년까지 전 세계 교역량이 세 배나 늘어나는 결정적인 계기를 제공함으로써 세계 경제에 활력을 불어넣게 된다.

당연한 귀결이지만 이런 상황은 자연스럽게 미국이 경제 대국이자 중심 국가로 발전하는 계기가 된다. 더구나 금광만 해도 미국에는 축복이 분명한데 1851년에는 석유가 발견되면서 다시 한 번 큰 성장의 계기를 맞는다. 엄청난 매장량과 생산량으로 인해 1861년에는 1갤론당 10센트에 불과할 정도로 석유 가격이 하락해서 물질적 풍요를 누리게 된다. 이래저래 축복받은 땅이 된 것이다.

골드러시로 인해 엄청나게 불어난 인구와 황금으로 들어온 큰돈은 캘리포니아 경제 발전의 토대가 되었고 미국 역사상 최단기에 31번째 주(州)로 승격하는 계기가 된다. 골드러시 이후 불과 몇 년 만에 일어난 일이었다. 이렇게 엄청난 금이 캘리포니아에서 생산됐고 연방 예산을 뛰어넘을 만큼의 금이 선적되기도 했지만 유감스럽게도 대부분의 부가가치는 대도시의 자본가들에게 흘러들어 갔을 뿐 정작 포티나이너스의 주머니로 들어간 것은 아니었다. 많은 사람들은 처음 찾아왔을 때와 다를 바 없는 상태로 고향으로 돌아가야 했다.

모든 혁명의 결과가 그렇듯이 어떤 현상이 있을 때 그 중심으로 뛰어든 사람은 큰 과실을 얻지 못한다는 것이 골드러시에서도 증명되었다.

초기에 채굴자들은 냄비와 같이 단순한 기술로 강바닥의 사금을 찾을 수 있었지만 일정 시간이 흐르자 금 탐광을 위한 보다 세련된 기술이 개발되어 적용되었다. 자본이 힘을 발휘하는 단계로 넘어가는 시기가 된 것이다. 그 단계에서 기술 진보의 혜택을 누리기 위해서는 막대한 자금이 필요하였으므로 개인 채굴자보다 자본가나 회사 조직의 광산 개발 비율이 늘어갔다. 이로 인해 금으로 창출된 대부분의 부가가치는 은행과 자본가 그리고 정부로 흘러들어 가게 된 것이다. 고생한 사람과 과실을 갖는 사람은 다르다는 사실이 증명된다.

사실 샌프란시스코는 골드러시가 시작되기 전까지 작은 개척지에 불과했다. 금을 발견했다는 소식을 듣고 사업가와 선주까지 골드러시에 가세하고 또 상인이나 광부 등 새로운 사람들이 일확천금의 꿈을 안고 서부로 향하면서 급작스럽게 인구가 급증했다. 1848년에 약 1,000명에서 골드러시가 마무리될 때쯤에는 약 25만 명이 넘는 사람들이 캘리포니아로 이주함으로써 낙후된 서부가 개발되는 결과를 만들어냈다.

포티나이너스의 열정은 태평양과 대서양을 하나로 연결시킨 대륙횡단 철도 건설이라는 미국 역사상 가장 위대한 대역사의 원동력이 됐다. 1863년 서쪽 끝의 캘리포니아 새크라멘토와 동쪽 끝 네브라스카 오마하에서 출발한 철도가 6년 후에 유타주 프로먼터리에서 만난 것이다.

골드러시 최초의 백만장자

실제 기록을 봐도 금을 위해 몰려들었던 사람 중에 금을 캐서 눈에 띄게 한몫 챙긴 사람은 거의 없다고 한다(대개 광부들의 성공률을 1% 정도로 본다). 오히려 진짜로 억만장자가 된 사람은 금을 캐러 온 사람을 캔 사람이었다. 말하자면 몰려든 포티나이너스를 상대로 생필품과 서비스를 팔고 청바지 만들어 판매한 사람들이 많은 돈을 벌었다는 것이다.

대표적으로는 장비 및 도구 상인인 샘 브래넌(Sam Brannan), 작업복으로 청바지를 만들어 판매한 리바이 스트라우스(Levi Strauss), 그리고 운송 및 송금업자 헨리 웰스(Henry Wells)와 윌리엄 파고(William Fargo) 등이었다. 또한 아이들 교육에 선구자적인 역할을 한 조지아나 커비(Georgiana Kirby)나 광부들을 대상으로 엔터테인먼트 비즈니스를 시행한 로타 크랩트리(Lotta Crabtree) 등도 큰돈을 벌었다. 그밖에 골드러시 때의 경험을 글로 써서 유명해진 마크 트웨인(Mark Twain)과 골드러시 과정에서 생겨난 도로 건설에 종사한 사람들, 새로 생긴 도시에서 요식업과 숙박업에 뛰어든 사람들이 오히려 광부들보다 더 큰돈을 거머쥐었다.

아이러니하게도 전 세계를 황금에의 열병으로 몸살나게 만든 골드러시에서 최초의 백만장자는 처음 금을 발견한 마셜이나 서터 혹은 구름처럼 몰려든 광부가 아니었다. 채굴과는 관계없이 금 발견 사실을 동네방네 떠들고 다니던 샘 브래넌이라는 사람이었다.

1848년 샌프란시스코 인근의 새크라멘토 강에서 제임스 마셜과 존 서터가 황금을 발견했을 때 그 둘은 이 사실을 비밀에 부치기로 했지만 오래지 않아 소문이 나 버렸다. 우연히 둘의 대화를 엿듣게 된 샌프란시스코의 신문사 사주이자 상인이었던 샘 브래넌에 의해 비밀 약속은 산통이 깨지게 된 것이다. 그는 잽싸게 금 탐사용 물자 및 도구를 파는 상점을 차린 후에 금을 넣은 작은 병을 들고서 샌프란시스코 대로를 활보하면서 "금이다! 금이다! 새크라멘토 강에서 금이 발견되었다!"라고 외치고 다녔다. 이것은 이후 골드러시를 상징하는 가장 유명한 인용구가 되었으며 이를 계기로 '골드러시'라는 황금광 시대가 열리게 되었다.

몰몬교도이며 상인이고 신문사를 운영했지만 술꾼이자 사기꾼이었던 샘 브래넌은 정작 황금 자체에는 크게 관심을 기울이지 않았다. 대신 그는 캘리포니아 등지에서 판매되는 채굴 장비(삽, 뜰채, 수레 등등)를 모조리 매집한 뒤 샌프란시스코와 황금 채굴 지역 사이에 단 하나뿐인 철물점을 차리고 이 지역으로 황금을 캐러 오는 사람들에게 판매를 시작했다. 독점이었으므로 50배에서 70배 정도의 이윤을 붙여서 판매하여 첫 두 달 동안에만 브래넌은 36,000달러(현재 가치 약 150만 달러)를 벌어들였다.

그렇게 번 돈으로 샘 브래넌은 서터 일가에게서 새크라멘토 강 인근 200헥터의 토지를 매입하여 철물 관련 도소매업을 독점으로 영위하는 한편 은행, 철도, 전신회사 등에 무차별적으로 투자한다. 이렇게 그는 골드러시라는 핫스폿(Hot Spot·시장이 들끓는 곳)의 기회를 이용하여 엄청난 돈을 벌었지만 해피엔딩은 아니었다. 유흥과 도박에 그 많은 돈을 다 써 버리고 이혼 보상금으로 거액을 지불한 끝에 빈털터리가 된 채 1889년 샌디에고의 한 사창가 뒷방에서 쓸쓸히 죽었다. 돈을 버는 것과 지키는 것은 다른 문제였던 것이다.

핫스폿(Hot Spot)에 제대로 대처하라

시대정신에 따라 고객은 늘 변하고 변화된 고객에 의해 시장의 움직임도 활발해진다. 핫스폿 현상은 고객의 욕구와 그 욕구를 충족시키려는 기업의 움직임이 만들어낸 교집합 영역으로서 시장이 들끓는 곳을 의미한다. 대기업, 중소기업, 개인을 막론하고 핫스폿에 대한 감지력은 본능적이고 또 본능적이어야 한다.

역사적으로 이런 핫스폿을 향한 기업(인간)의 움직임이 가장 두드러졌던 때가 바로 19세기의 골드러시다. 물론 그때와는 비교할 수 없을 정도로 정보의 속도가 촌각을 다투며 거의 실시간으로 대중에게 오픈되는 요즘 같은 시대에는 더욱 그렇다. 말하자면 정보를 아는 것보다 그 정보를 어떻게 활용하는가가 더 중요하듯이 핫스폿을 찾는 것도 중요하지만 핫스폿에서 무엇을 하느냐가 더욱 중요하다.

19세기 최고의 핫스폿 무대였던 골드러시는 지금까지도 캘리포니아에 깊은 흔적을 남기고 있다. 몰려드는 사람들과 쏟아지는 황금으로 인해 캘리포니아 주의 별명은 금문주(金門州·골든 게이트 스테이트)가 되었다. 샌프란시스코만 입구의 해협 이름이 금문해협이며, 그 금문해협을 사이에 두고 남안의 샌프란시스코와 북안의 마린반도를 잇는 다리가 금문교다. 모두가 금과 연관되어 있다.

골드러시라는 시장이 들끓고 사람이 몰려드는 '핫스폿의 기회'를 잘 이용하여 세계적인 회사로 도약시킨 사람은 골드러시 최초로 백만장자가 된 샘 브래넌만 있는 것이 아니었다.

샘 브래넌이 황금을 캐러 모여드는 이들에게 장비를 팔아 부를 축적했다면 리바이 스트라우스(Levi Strauss)는 튼튼한 작업복, 즉 청바지를 팔아 엄청난 돈을 벌었다. 그는 황금을 찾아 금광으로 뛰어간 것이 아니라 광부들에게 필요한 것을 제공한 것이다.

청바지를 처음 고안해낸 사람 역시 리바이 스트라우스인데 그는 골드러시를 따라 미국 서부에 온 독일 출신 이민자였다. 리바이는 종일 무릎을 꿇고 모래를 거르거나 땅을 파는 광부들의 바지가 쉽게 해어진다는 사실에 착안하여 질긴 천막용 천으로 바지를 만들었다. 그렇게 만든 값싸고 질긴 바지는 광부들에게 선풍적인 인기를 얻었고 이후에는 농부나 카우보이들이 작업복으로 즐겨 입게 되었는데 이것이 미국의 상징이 된 청바지의 시초다.

청바지 리바이스(Levi's)의 탄생

샌프란시스코의 무역상이었던 스트라우스는 마차의 천막(군용)으로 납품하려고 제조한 천이 크레임이 걸려 계약이 파기되면서 큰 낭패에 빠지게 된다. 스트라우스는 군대용 대형 천막 10만 개 분량이라는 엄청난 주문을 받자 즉시 공장과 직원을 늘리고 밤낮으로 생산 공장을 풀가동해 3개월 만에 주문받은 수량을 만들어냈다. 그러나 기쁨도 잠시 납품한 천막은 사용할 수 없다는 통보와 함께 되돌아왔다.

크레임을 당한 이유는 천막 전부가 군대에서 사용하는 색깔인 국방색이 아닌 청색으로 염색이 되어 있었기 때문이다. 주문량을 맞추기 위해 빚까지 낸 스트라우스는 천막 천이 산더미처럼 쌓여 방치된 채로 있고 빚 독촉도 심해지고 직원들도 월급을 내놓으라고 아우성치는 상황을 맞게 되었다. 헐값에라도 팔아 밀린 빚과 직원들의 월급만이라도 해결하고 싶었으나 엄청난 양의 천막을 한꺼번에 사줄 만한 사람을 찾기도 어려웠다.

큰 위기에 직면한 스트라우스는 납품에서 거절당한 천막을 어떻게 이용할 수 있을까 골몰하던 중에 광산의 광부들이 모여 앉아 바지를 꿰매고 있는 것을 보게 되었다. 거친 일을 하는 광부들의 바지가 잘 떨어져서 바느질하기도 바빴던 것인데 그것을 보고 스트라우스는 자기도 모르게 "질긴 천으로 옷을 만들면 튼튼하지 않을까?"라고 중얼거렸다. 자신이 무심코 내뱉은 말에 깜짝 놀란 그는 염색이 잘못된 청색의 천막 천으로 바지를 만들 아이디어를 얻었다. 일주일 후 스트라우스의 골칫거리였던 천막 천은 산뜻한 바지로 탈바꿈되어 시장에 첫 선을 보이게 된다.

청색으로 잘못 염색한 천막 천은 군용으로서는 무가치한 폐기물이었으나 그 무용지물이 청바지로 발전된 것이다. 푸른색의 잘 닳지 않는 바지, 이름하여 청바지는 뛰어난 실용성을 인정받아 광부들뿐만 아니라 일반인들에게까지 엄청난 인기를 끌게 된다. 그 후 터지고 끊어지는 것을 막기 위해 솔기를 튼튼한 실로 꿰매고 뒷주머니가 떨어지지 않도록 굵은 구리못 같은 리벳(rivet)도 박아서 넣었는데, 이것이 대표적인 청바지 브랜드가 된 '리바이스(Levi's)'의 시초다. 이런 우여곡절 끝에 시장에 나오게 됐지만 이후에는 10여 년 만에 대부분의 광부, 농부, 카우보이가 이 바지를 입게 되었다.

1853년에 최초로 청바지가 만들어진 후 초기 착용자는 캘리포니아에서 금을 찾아 나선 포티나이너스였다. 그리고 남북전쟁기(1861~1865년) 이후에는 동부의 농업 개척자들과 서부의 카우보이들이 주요 착용하였으며, 철로 사업이 활발해지면서 철로를 건설하는 레일맨들 또한 청바지를 착용한 주요 고객이 되었다.

스트라우스는 처음에 한몫 잡기 위해 서부로 찾아들었고 그때 만난 인디언들로부터 삶의 지혜를 배우곤 했다고 한다. 그중의 하나가 야생풀을 찧어 추출한 푸른 염료, 즉 인디고 블루로 흰 천을 염색하면 벌레의 접근을 막을 수 있다는 것이다. 스트라우스는 여기서 힌트를 얻어 푸른색 천으로 청바지를 만들어 광산에서 금을 캐는 광부와 철도를 까는 인부들에게 판매해 엄청난 부자가 된 것이다.

골드러시 당시 청바지 한 벌 가격은 1달러에 불과했다고 하는데 리바이는 결국 이 청바지로 금광 채굴자보다도 더 많은 돈을 벌어들였다. 말하자면 골드러시 한복판으로 들어왔지만 금을 찾아 부자가 된 것이 아니라 골드러시라는 현상, 이른바 핫스폿의 주위에서 비즈니스 기회를 잡은 것이다.

핫스폿에서 기회를 잡은 사람들

웰스파고(Wells Fargo) 은행은 뱅크 오브 아메리카, 시티그룹, JP모건 체이스와 더불어 미국의 4대 은행 가운데 하나에 속한다. 자산 기준으로는 미국에서 네 번째로 큰 은행이지만 시가총액으로는 최대 기업이다. 현재 웰스파고 은행(본사는 샌프란시스코에 없음)은 전 세계적으로 자회사, 계열회사 및 지점들을 가지고 있을 뿐만 아니라 캘리포니아 전역만 해도 300여 곳 이상에 지점을 두고 있다.

웰스파고는 윌리엄 파고(William Fargo)에 의해 골드러시 당시에 캘리포니아 지역에서 꼭 필요한 서비스였던 금융 및 지급편 운송을 다루었다. 처음에는 광부들을 위한 송금업부터 시작해서 사금(砂金), 금괴(金塊), 정금(正金) 등과 여러 상품들을 구매·판매·운송하는 것으로 업무를 확대해 나갔다. 이들 물품들을 서부 지역에서 출발하여 선박으로 파나마의 지협을 경유하여 동부 해안으로 운송하였고, 반대로 서부에서 필요한 물품들을 날랐다. 해상뿐만 아니라 1855년 이후에는 역마차 사업을 확장하여 미주리주와 중서부로부터 로키 산맥 지역과 서부 지역에 이르는 육로 수송도 담당했다.

> 웰스파고는 골드러시 때문에 탄생하고 발전했지만 정작 광산업을 한 것은 아니며 오히려 광부들이 필요로 하는 운송 등의 서비스를 제공함으로써 세계적인 회사가 되었다.

역마차 수송은 최초의 대륙횡단 철도가 완성된 1869년 이후 점차 퇴조한다. 이러한 과정을 거치는 동안 웰스파고의 지급편 운송 업무는 사실상 종료되면서 이후 은행업으로 특화하게 된다. 이렇게 웰스파고는 골드러시라는 핫스폿 시기에 캘리포니아와 미국 동부 사이에 운송과 금융 서비스를 제공하는 회사로 출발하여 이후에 서부의 다른 지역들과 라틴아메리카까지 영업 무대를 넓히게 된 것이다.

메리어트(Marriott) 호텔은 미국 워싱턴 DC에서 윌러드 메리어트 (J. Willard Marriott)에 의해 창업되어 현재는 미국을 비롯해 전 세계

21개국에 총 650여 개의 체인호텔을 두고 있는 세계적인 호텔그룹이다. 메리어트는 사실 오래전에 설립되었으나 세계적인 호텔로 성장하는 계기는 골드러시였다.

수많은 사람들이 금을 찾아 서부로 몰려들었고 이들에게는 숙박이 최우선 문제였다. 엄청나게 몰려드는 사람들에게 잠자리와 식사를 제공하는 호텔 사업은 그야말로 땅 짚고 헤엄치는 것이나 마찬가지였다. 메리어트는 금을 찾아서가 아니라 숙박 서비스를 제공함으로써 엄청난 부자가 되었고, 결국 호텔은 세계적인 체인으로 발전하게 된 것이다.

이때의 경험으로 메리어트 호텔은 식음료 분야에도 진출하여 뛰어난 경영 실적을 보이고 있다. 일반적으로 '메리어트'하면 최고의 시설을 갖춘 특급 호텔이라는 이미지가 강하다. 그러나 실제로는 주요 고객층에 따라 각각의 호텔이 네 가지 등급으로 나뉘어 운영되고 있다고 하는데 서부 개척 당시의 경험에 기인하는 것이다.

이상에서 본 것처럼 골드러시에서 큰 부자가 된 사람들은 광부가 아니었다. 그들은 골드러시 한복판으로 뛰어들었지만 금을 찾아 부자가 된 것이 아니라 골드러시라는 현상, 즉 사람이 모여들고 시장이 들끓는 곳인 핫스폿의 주변부에서 비즈니스 기회를 잡은 것이다. 같은 이치로 4차 산업혁명이 핫스폿 현상이라면 아마도 부자가 되는 일은 그 중심부로 뛰어든 사람들의 몫은 아닐 것이다. 오히려 변화를 지켜보며 주변부에서 비즈니스 기회를 잡은 사람들의 몫일 것이다.

변화에 주목하여
기회를 선점하라

우리가 살고 있는 이 세상은 변화 속도가 예전과 비교할 수 없을 정도로 빨라졌다. 하루가 다르게 변하는 세상에서 나만의 행복을 추구하기는 더욱 힘들어졌다. 그러나 아무리 세상이 바뀐다 해도 변하지 않는 삶의 가치는 있게 마련이다. 우리는 미로 속에 살면서 수많은 장애물에 부딪치고 실패와 좌절을 경험하기도 한다. 이러한 때에《누가 내 치즈를 옮겼을까》라는 책은 짧은 우화를 통해 변화에 대한 진리를 실감나게 전해준다. 인생을 새롭게 변화시키는 용기를 얻게 해준다.

책의 등장인물인 두 마리의 쥐와 두 명의 꼬마 인간은 나태한 사람과 주도적인 사람을 비유적으로 표현한다. 냄새를 잘 맡는 쥐(스니프), 행동이 재빠른 쥐(스커리), 변화를 인정하지 않는 사람(햄)과 뒤늦게 변화를 받아들이는 사람(허)으로 이야기는 전개된다. 이들 넷은 '미로 속의 치즈 찾기'에 나선다.

창고의 치즈가 바닥났을 때 냄새를 잘 맡는 스니프와 뛰기를 잘하는 스커리는 곧바로 다른 창고의 치즈를 찾아 또 다른 미로를 더듬어

나아간다. 그곳에 없으면 또 다른 치즈 창고를 찾기 위해서 고군분투한다. 그런 와중에 넘어지고 지치지만 이들에게는 치즈라는 목표가 존재한다. 그들은 왔던 길을 다시 되돌아간 적도 있고 먼 길을 빙빙 돌아갈 때도 있었다. 하지만 단지 치즈를 찾는다는 목표에 전념한 결과 결국은 자신들이 좋아하는 치즈를 손에 넣는다.

반면 햄과 허는 줄어드는 치즈의 변화를 눈치채지 못하고 현실에 안주한다. 그들은 치즈를 찾기보다는 달콤한 치즈의 맛에 익숙해져서 변화를 싫어하는 지경에 이른다. 그러던 어느 날 치즈가 갑자기 사라져 버린다. 누가 가져갔는지 분노하면서 그들은 현실을 부정한다. 고래고래 소리지르고 벽을 긁어대고 어쩔 줄 몰라 하며 치즈가 바닥난 창고의 벽을 뒤지고 캐보지만 새로운 치즈는 나오지 않는다. 미로를 헤맬 생각을 하니 앞이 캄캄하고 도무지 또 다른 치즈를 찾을 수 있을 것 같지 않아 두려워한다.

그 와중에 허는 뒤늦게나마 치즈를 찾아 떠나기로 결심한다. 그것은 아무리 기다려도 치즈가 생기지 않는다는 것을 알았기 때문인데 물론 후회도 들고 미련도 있었지만 설레임과 기쁨도 컸다. 우여곡절 끝에 결국 허는 다른 치즈 창고를 발견한다. 그런데 스니프와 스커리가 이미 그곳에 자리잡고 있었다.

우리 주위에는 변화에의 거부와 현실 안주, 즉 변화를 받아들이지 않고 현실에 부정적이면서 불만이 섞인 한탄을 쏟아내는 사람이 많다.

그러나 변화를 두려워하거나 현실의 창에 갇혀 변화를 보지 못하는 인간에게 미래는 없다.

그렇다! 새로운 미로를 찾는 여행은 분명히 두렵다. 그렇지만 그렇게 찾은 치즈는 달콤하다. 지금부터 현실에서 치즈 창고를 찾아 엄청난 부자가 된 사람들을 살펴보자. 그들이 어떤 생각과 전략으로 그렇게 큰 치즈를 찾을 수 있었는지 알아보자.

눈 밑에 있는 보고(寶庫)를 봐야 한다

1867년 미국이 러시아로부터 알래스카를 사들이기로 했을 때 곳곳에서 반대의 목소리가 터져 나왔다. 상하원 의원들은 "미국 본토와 연결조차 되어 있지 않은 '아이스박스'를 가지고 무엇을 하려는 것이냐"며 강하게 반발했다. 당시 국무장관 수어드의 이름에 빗대어 '수어드의 냉장고' '수어드의 바보짓'이라는 조롱이 난무했다.

'수어드의 바보짓(Seward's Folly)'이라는 단어에서 보듯이 제정 러시아로부터 눈 덮인 불모지인 알래스카를 720만 달러를 들여 사들인 사람이 윌리엄 수어드(William H. Seward)였다. 당시 러시아로부터의 매입가는 km^2당 5달러의 헐값이었다. 그로부터 30년 뒤인 1897년 알래스카에서 대규모 금광이 발견됐다. 알래스카 판 골드러시가 일어난 것이다. 이때 1년에 채굴한 금값만 720만 달러가 넘었다.

수어드의 "미국인이 알래스카의 가치를 발견하려면 한 세대가 지나야 한다"던 전망은 정확히 맞아떨어졌다. 그뿐만이 아니다. 천연가스와 석탄 매장량도 세계 1위 규모였으며 가치로 보면 1조 달러가 넘는 보물단지이자 냉전 시기에는 러시아(옛 소련)를 견제할 지정학적 요새로서의 군사적 가치까지 부각됐다. 물론 지금은 돈으로는 환산 불가능한 군사 요충지가 되었다.

알래스카(Alaska)의 면적은 171만 7,854km^2로 남한 크기의 17배에 이를 정도로 미국에서도 가장 넓은 주다. 인구는 약 74만 명으로 가장 적지만 풍부한 자원 덕분에 주민 소득은 1~2위를 다툰다. 지하자원은 수시로 발견되는데 지난해에 또 12억 배럴이 매장된 거대 유전이 발견됐다. 이곳은 수산업으로도 유명하다. 연어와 명태, 대구 등 5개 어종이 전 세계로 팔려 나간다.

알래스카의 중심 도시는 남부에 있는 주노(Juneau)지만 가장 큰 경제 도시는 앵커리지(Anchorage)로서 강 하구의 정박지로 닻을 내려놓는 곳이라는 의미에서 유래되었다고 한다. 한때는 아시아에서 미국과 유럽으로 가기 위해 반드시 거쳐야 하는 중간 기착지였다. 호수가 300만 개나 돼 관광지로도 인기를 얻고 있을 뿐만 아니라 오로라를 보기 위해 관광객이 줄을 잇는 곳이기도 하다. 재미있는 것은 지금도 계속 새로운 자연과 관광 자원이 개발되고 있다는 점이다.

수어드가 알래스카를 매입하려고 했을 당시 미국 의회는 "정 얼음

덩어리가 필요하면 미시시피 강 얼음을 깨다가 네 안방에 채우라"고 야유를 퍼부었고 언론들도 '멍청한 바보짓'이라고 조롱했다. 그러나 수어드는 이런 반대를 무릅쓰고 끝내 의회를 설득해 비준을 받아냈다.

"우리는 지금 눈 덮인 땅이 아니라 눈 밑에 깔려 있는 보고(寶庫)를 봐야 한다. 그리고 우리가 아닌 우리 후손을 위해 그 땅을 사야 한다"고 설득했던 것이다.

사실 러시아가 알래스카를 판 것은 재정난 때문만은 아니었다. 러시아는 크림전쟁 중 캄차카 반도에서 영국과 두 번의 전쟁을 치렀다. 그때마다 베링해 건너의 영국 식민지인 캐나다와 국경을 접한 알래스카를 방비하는 일은 쉽지 않았다. 그래서 적국인 영국에 빼앗기는 것보다는 우호적인 미국에 파는 게 낫다고 판단했던 것이다. 미국에 알래스카를 넘기면 캐나다가 포위되므로 그 또한 괜찮은 전략이라고 생각했을 것이다.

이런 셈법을 감안하더라도 러시아가 단돈 720만 달러에 광활한 영토를 넘긴 것은 어리석은 일이었다. 혹한의 얼음 땅이 이렇게 풍요로운 땅이 될 줄은 몰랐겠지만 골드러시 당시 1년에 채굴한 금값만 720만 달러가 넘었다는 것이 잘못된 결정이었음을 반증한다.

미국이 알래스카를 사들인 일은 모든 것이 불확실한 격변기 내지는 혁명기에 뛰어난 혜안과 통찰력, 확고한 신념을 가진 리더 한 명이 국가의 성쇠에 얼마나 큰 영향을 미치는지 보여주는 사례다. 어찌 나라의 일만 그렇겠는가. 개인의 미래 또한 어떤 판단을 내리고 결정을 해야 하는 시점에서 어떻게 대처했는가에 달려 있을 것이다. 몇 가지 사례를 더 살펴보자.

중국에 불어닥칠 핫스폿 발견

알리바바는 2014년 9월 19일 뉴욕증권거래소(NYSE)에 상장함으로써 경쟁업체인 미국 아마존보다도 더 회사 가치가 높은 것으로 평가받았다. 물론 알리바바가 이런 평가를 받는 근저에는 중국이라는 시장이 한몫한 것이 사실이다.

중국은 '세계의 공장'으로 불릴 정도로 제조업이 발달한데다가 미국, 영국, 일본, 독일 등 다른 나라에 비해 오프라인 소매 판매 인프라가 구축되어 있지 않은 상태. 국민 1인당 소매점 규모를 보면 미국은 $2.6m^2$, 일본은 $1.3m^2$인 것과 비교해 중국은 $0.6m^2$ 수준이다. 오프라인 판매 여건이 갖춰지지 않은 만큼 온라인 판매 가능성이 높다.

실제로 이런 시장 환경을 눈여겨보고 먼저 중국에 진출한 것은 이베이였다. 그러나 문화 차이를 이해하지 못한 마케팅 전략 수립으로 이베이는 곧 사업 부진을 맛보게 되었고 이베이가 철수한 시장은 알리바바가 차지하게 되었다. 이베이의 뒤를 이어 시장을 차지하게 된 알리바바는 고객과 판매자 모두에게 고루 이익이 돌아가는 건강한 유통 생태계 조성을 목표로 움직이기 시작했다.

그러나 이런 시장 환경뿐만 아니라 알리바바 성장의 중심에는 수장인 마윈 회장이 있다. 키 162cm, 몸무게 45kg이라는 왜소한 체격 탓에 그에게는 '작은 거인'이라는 수식어가 따라붙곤 한다. 그는 거듭된 실패에도 좌절하지 않고 끊임없이 도전한 전형적인 자수성가형 사업가다. 그는 다양한 강연을 통해 전 세계 젊은이들에게 헝그리 정신을 전파하며 꿈과 야망을 가지라는 메시지를 던지기도 했다.

마윈은 가난한 집에서 태어나 공부도 잘하지 못했지만 그래도 영어 공부만은 놓지 않았다고 한다. 처음에는 월급 89위안(15,000원)을 받고 대학에서 영어를 가르쳤던 가난한 영어 강사였다. 그는 입대도 거부당하고 경찰 모집에서도 떨어졌으며 KFC와 호텔 입사 시험에도 모두 실패했다. 하지만 집에서 45분 거리를 자전거를 타고 가서 호텔에 머무르는 외국인 고객에게 무료로 여행 가이드를 해주며 영어를 배우던 열정 가득한 청년이었다.

그는 1992년 31살의 나이에 통역회사 하이보를 차리며 창업 세계에 뛰어들었다. 하지만 영어 실력만 있고 경영 경험이 부족했던지라 무리한 사무실 운영과 회계 직원의 횡령 등으로 쓴맛을 봐야 했다. 그런데 그에게 결정적인 기회가 찾아왔다. 가이드로 관광객을 모시고 미국에 간 마윈은 그곳에서 인터넷을 접한 후 1995년 불모지인 중국에서 인터넷 관련 기업을 창업했다. 결국 이마저도 실패로 돌아갔지만 거듭된 실패에도 불구하고 마윈은 다시 도전했다.

다시 기운을 내서 1999년 B2B 사이트인 알리바바닷컴을 개설했다. 알리바바라는 회사를 차린 후 크게 키우고 싶었지만 위기는 계속되었다. 마윈에게는 알리바바를 글로벌 기업으로 성장시키고 싶은 꿈이 있었고 미국에서 투자 유치를 받기 위해 40여 곳의 회사를 찾아갔지만 모두 고배를 마셔야만 했다. 하지만 그런 시련은 알리바바에게 자양분이 되었다.

드디어 그는 자신이 그토록 원했던 투자자 손정의를 만나게 된다. 그리고 인재를 알아봤던 손 회장은 마윈을 만나 대화를 나눈 지 20여 분 만에 2천만 불을 투자해서 지금의 알리바바가 있게 한다. 그 투자로 손정의 회장이 알리바바의 지분 35%를, 마윈은 7.4%를 갖게 된다. 알리바바는 2014년 뉴욕증권거래소(NYSE)에 상장했다. 당시 기업의 가치는 1,667억 달러로 약 175조 원이었으며 이는 경쟁업체 아마존의 기업 가치 1,500억 달러보다도 높은 것이었다.

동시에 알리바바는 기업의 사회적 책임도 놓치지 않았다. 마윈은 공익신탁 설립을 위해 알리바바 주식의 2%에 달하는 스톡옵션을 내놨다. 이는 중국 중서부 지역 도시 한 곳의 1년 재정 수입과 맞먹는 규모라고 한다. 이렇게 알리바바는 상장 후 구글, 애플, 마이크로소프트를 잇는 IT업계 4위 기업이 됐다. 이후 투자와 온라인 시스템 변화, 인터넷 시대가 열리면서 지금의 자리에 우뚝 서게 되었다.

19년 전인 1999년 중국 항저우 시에서 직원 18명으로 시작된 알리바바닷컴은 현재 약 3만 명의 직원을 보유한 알리바바 그룹으로 성장했다. 중국의 아마존을 내세우며 '중국판 블랙프라이데이'로 불리는 광군절 세일에서는 계속해서 엄청난 매출 신기록이 경신되고 있다. 11월 11일을 광군절로 탈바꿈시켜 중국 전체 경제 판도를 좌지우지한 것이다. 현재 알리바바를 통해 이루어지는 거래는 중국 국내총생산(GDP)의 3%가 넘는다고 한다.

중요한 것은 바로 이것이다. 1994년 여행 가이드로 방문한 미국에서 인터넷을 처음 접한 후 1995년 인터넷 불모지인 중국에서 인터넷 관련 기업을 창업했다는 점이다. 직접 인터넷 사업으로 뛰어든 게 아니라 인터넷이 불러올 변화에 주목하고 그곳을 선점했다. 중국에서 곧 불어닥칠 핫스폿에서 어떤 비즈니스가 뜰 것인지를 발견한 것이다. 골드러시에서 직접 광부가 되기보다는 주변부에서 서비스를 제공한 사람들이 돈을 번 것과 같은 이치다.

손정의, 사업가라기보다는 투자자

일본 제1의 부자인 손정의 회장은 전통적 의미의 사업가라기보다는 투자자에 가깝다. 왜냐하면 그가 이룩한 부의 대부분이 제조나 발명이 아니라 투자에서 비롯되었기 때문이다. 말하자면 골드러시(4차 산업혁명)에서 금맥을 찾아 떠난 광부가 아니라 그들에게 필요한 서비스를 제공함으로써 돈을 번 것이다.

그는 재일교포 3세로서 온갖 편견과 속박을 물리치고 더구나 가난이라는 굴레와 우울한 가족 정서 등 힘든 과정을 극복하고 일본 제1의 부자뿐만 아니라 세계적인 사업가가 된다. UC버클리(캘리포니아 대학교 버클리 캠퍼스)로 유학을 가기 전까지의 생활은 하나의 처절한 생존 드라마가 따로 없다.

손정의 회장, 즉 손 마사요시는 '300년 기업의 야망'을 이야기한다. 다른 사람이 과거와 현재를 말할 때 그는 늘 미래를 이야기했고 또 그렇게 행동했다. "당장 하루도 가늠하기 힘든 나날인데 300년 기업이라니" 하며 무시할 수도 있지만 그동안 성취했던 수많은 성공 사례를 보면 그냥 지나치기도 어려우니 한번 알아나 보자.

지난 2014년 알리바바는 뉴욕증권거래소(NYSE)에 상장했다. 이때 기업 가치는 약 1,667억 달러로 우리 돈으로 환산하면 175조 원에 이른다. 이는 경쟁업체인 미국 아마존의 회사 가치인 1,500억 달러보다도 높은 것이다. 이미 2천만 달러를 투자하여 알리바바 지분 35%가량을 가진 손정의 회장은 이로써 약 800억 달러에 달하는 수익을 낼 수 있었다. 이것은 투자 대비 약 4,000배가량이 오른 엄청난 거래였고 투자 수익이었다.

2015년 6월에는 빠르면 당일에서 익일배송을 장담하는 우리나라의 쿠팡에 10억 달러 투자를 약속하여 화제가 되었다. 소프트뱅크 손정의의 투자로 쿠팡의 기업 가치가 5조 원 대 규모로 평가받으면서 유통 대표 기업인 이마트의 시가총액에 근접했다는 분석까지 나왔다.

손 회장은 지금까지 약 1,300여 개의 IT기업에 투자했고, 이렇게 많은 투자를 하면서 한 번도 적대적 인수합병을 한 적이 없다고 한다. 실례로 손 회장은 알리바바 지분 35%를 보유하고 있지만 경영에 간섭하지 않고 고문 역할만 하고 있다. 참으로 혜안이 돋보이는 사례가 아닐 수 없다. 가진 것이라고는 최고가 되겠다는 야망만이 전부인 손정의의 빈털터리 회사 소프트뱅크가 이렇게 일본 최고 기업, 나아가 세계적인 회사로 우뚝 서기까지는 두 가지 역사적인 사건이 있었다.

첫 번째, MS의 일본 공급 독점권을 획득하다

IT 열풍이 거세게 불던 시기 미국에 달려가 마이크로소프트의 윈도우를 독점 계약한 그는 1992년 당시 1년이라는 시간에 1조 원의 매출을 올리게 된다. 이는 마치 MS가 IBM을 잡은 것과 유사하다.

두 번째, 야후(yahoo)를 인수하다

당시 야후는 매우 형편없는 회사였다. 직원이 고작 15명이었으며 매출은 20억 원으로 엄청난 적자에 시달리고 있었다. 하지만 그는 이사회의 반대에도 불구하고 야후 주식에 1,500억 원가량을 투자해 40%가량을 인수한다. 모두가 제정신이 아니라고 수군거렸으나 몇 년 후 처음 투자했던 가치보다 몇백 배가 뛰면서 자신의 투자 안목을 입증하는 계기가 되었다. 이 일이 있은 후 야후의 창업자 제리양과는 특별한 관계를 맺게 되었고, 이것은 후일 마윈의 알리바바에 손정의가 투자를 감행하는 연결다리 역할을 하기에 이른다.

사실 손 회장은 '300년 기업의 야망'에서도 드러나듯이 언제나 미래를 언급하고 또 그 미래의 가치에 대해서 아주 중요시하며 말하곤 했다. 구체적으로 미래를 언급해 왔다고 할 수 있는데 이것이 빛을 발한 것이 바로 알리바바 회장 마윈과의 만남일 것이다.

야후의 지분을 인수하는 과정에서 야후의 창업자 제리양은 알리바바의 창업자 마윈을 손 회장에게 소개시켜 준다. 마윈은 처음 만난 그 자리에서 자신이 중국 소상공인들을 세계 시장과 연결시켜 줄 사이트를 만들고 싶다면서 투자를 요청한다. 지금이야 알리바바가 엄청난 기업이지만 당시에는 이제 막 설립된 회사였다. 더 중요한 것은 마윈이 IT기술은 전혀 구현할 수 없는 일반 영어교사였다는 점에서 상식적으로 마윈에게 투자하는 것은 굉장히 리스크가 큰 일이었다. 그러나 손정의의 안목은 달랐다.

투자를 요청받고 약 20분 만에 알리바바에 200억 원가량의 투자를 결심한다. 마윈의 포부와 참된 열정에 감동했기 때문이다. 이 투자로 손 회장은 알리바바의 지분 35%를 가지게 된다.

그 후에도 알리바바가 성장할 수 있도록 도와주며 투자를 아끼지 않았다고 하는데, 이제 막 스타트업을 시작한 소규모 벤처기업에 너무 위험한 베팅을 한 것이 아니냐는 전문가들의 의견도 많았다고 한다. 결국 알리바바의 상장으로 손정의의 투자 감각은 만천하에 증명된다.

최근에는 엄청난 자금을 동원해 반도체 설계 칩 회사를 인수했다고 한다. 이 사실로부터 그의 투자 방향과 미래에 대한 시각을 어렴풋이 알 수 있다. '앞으로 로봇이 인간을 능가하는 시대가 올 것이다. 로봇의 부품은 반도체이며 반도체 설계가 무엇보다 중요하다. 따라서 반도체 설계를 맡는 기업에 투자하거나 인수해야 한다'는 생각이 아니겠는가?

최근 손 회장은 과거의 산업 모델들을 과감히 버리고 4차 산업혁명 시대를 대비한 로봇, 인공지능(AI), 사물인터넷(IoT) 등의 분야에 집중하는 모습을 보인다. 새로운 치즈를 찾겠다는 목표가 정해진 것이다. 그러나 주목할 점은 지금까지 그래왔던 것처럼 그는 스스로가 4차 산업혁명의 중심으로 뛰어드는 게 아니라 혁명이라는 현상을 해석하면서 그 주변부에서 기회를 노리는 행보를 보여주고 있다. 말하자면 그는 마치 골드러시에서 직접 광부가 되기보다는 주변부에서 서비스를 제공한 사람들이 돈을 번 것과 같은 행보를 하는 것이다.

골드러시와
4차 산업혁명의 닮은꼴 찾기

19세기 골드러시 당시 "강바닥에서 금이 발견됐다!"는 소식은 수많은 사람을 샌프란시스코로 불러들였고 포티나이너스라는 노마드, 즉 새로운 유목민을 만들어냈으며, 캘리포니아를 미국 역사상 최단기 내에 주(州)로 승격시키는 결과를 낳는다. 골드러시야 말로 19세기의 최고의 핫스폿(Hot Spot)이었던 셈이다. 그런데 황금을 찾아 그 오지까지 찾아온 포티나이너스는 정말로 부자가 되었을까?

황금의 열풍은 모든 사람 앞에 기회가 펼쳐진 것처럼 보였다. 그러나 열풍이 가라앉으면서 진짜 돈을 번 극히 일부를 제외하고는 숱한 사람들이 추락해 버렸다. 골드러시 당시에 금을 위해 몰려들었던 사람들 중에 금을 캐서 한몫 챙긴 사람은 거의 없다. 오히려 진짜 거부가 된 사람들은 금광 대신 금광을 캐러 온 사람들을 캔 사람들이었다. 말하자면 핫스폿의 기회를 잘 활용한 사람들이다.

시대정신에 따라 고객은 늘 변하고 변화된 고객에 의해 시장의 움직임도 활발해지며 그런 고객의 욕구를 충족시키려는 사람(기업)의 움직임이 바로 시장이 들끓는 곳, 이른바 핫스폿을 만들어낸 것이다.

진짜 돈을 번 사람은 핫스폿에서 삽과 쟁기 등의 장비를 팔아서,

잘 찢어지지 않는 작업복 바지를 만들어서, 광부들이 집으로 보낼 금이나 돈을 안전하게 운송해 줌으로써, 그리고 요식업과 숙박업에 뛰어들어서 포티나이너스보다 더 큰돈을 거머쥐게 된다. 그렇다면 우리나라에서 핫스폿의 기회를 잘 잡아 성공한 경우를 살펴보자.

파생적인 업무에서 금맥을 찾다

1967년 박정희 대통령은 그 당시 전국에서 가장 큰 건설 및 토목회사의 사주들을 청와대로 초청한다. 현대, 대림, 삼환기업, 삼부토건 등 4개 회사의 사주들을 만난 그 자리에서 박정희 대통령은 소양강댐 건설 계획을 이야기하면서 미리 준비할 것을 지시한다. 홍수 때마다 크게 범람하여 수많은 이재민이 발생하고 국민의 생명과 재산을 위협하는 한강을 다스리겠다는 계획이었다.

그 이야기를 들은 사주들은 머리가 복잡해졌다. 이 엄청난 정보를 어떻게 활용할까, 이 공사에 참여해야 하나 말아야 하나, 낙찰가는 얼마가 될까, 입찰액은 얼마로 할까 등등 깊은 고민에 빠졌다. 어떤 사주는 회사로 돌아와 얼마 후 대공사가 시작되면 가격이 폭등할 것에 대비해 토사와 자갈 등의 건자재를 확보하고 트럭을 포함한 건설 장비를 미리 준비할 것을 지시한다.

하지만 정주영 회장은 달랐다. 회사에 돌아오자마자 재무담당 임원을 단독 호출하여 회사의 현금 보유 현황을 체크한다. 그리고 당장 현금 보유를 두 배로 늘릴 것을 지시한다. 그리고 일주일 후 회장의 지시를 달성한 임원이 회장실에 보고를 위해 갔을 때 정 회장의 두 번째 지시는 뜻밖이었다.

정 회장은 댐 공사 현장으로 답사를 가던 중 점심을 먹기 위해 반포 근처 배 밭으로 차를 돌리게 한다. 이윽고 도착한 곳은 현재의 압구정동 자리였다. 당시만 해도 압구정동은 온통 배나무 밭이었는데 배나무 밑에서 식사를 하던 정 회장은 돌연 "보유한 현금 모두를 풀어 이 땅을 사라"고 지시한다. 당시만 해도 압구정동은 여름마다 홍수로 집을 잃고 농사를 망친 사람들이 살던 초라한 곳이었다.

여타 건설사 사장들과는 달리 전혀 쓸모없는 땅을 매입하라는 회장의 지시에 당황한 직원들은 이유를 물었다. 정 회장은 "소양강댐이 완공되면 이곳은 침수 지역에서 벗어난다. 댐을 만드는 것보다 여기에 집을 짓는 것이 훨씬 남는 장사다"라면서 땅을 매입하도록 독려한다. 소양강댐 건설로 상습 침수 지역을 벗어나게 될 곳을 지도에 표시해 놓고 그 땅을 집중적으로 매입하라는 것이었다.

후일 현대는 그때 매입한 땅에 대단위 아파트 단지를 조성한다. 바로 지금의 압구정동 현대아파트 자리다. 압구정동 현대아파트 분양의 성공을 기점으로 현대는 엄청난 부를 축적하기 시작하여 드디어 삼성을 따돌리고 재계 순위 1위에 올라선다. 4개 회사의 사주들이 같은 정보를 받았지만 대응 방법이 남달랐던 정 회장의 진면목이 드러난 순간이었다.

그는 탁월한 정보 해석 능력으로 인해 댐 공사라는 본연의 일에서도 돈을 벌었지만 그것보다도 핫스폿이 야기할 파생적인 업무에서 금맥을 본 것이다.

압구정동 개발 계획을 담당했던 전직 서울시 고위 관계자도 후일 "당시 웬만한 부동산 전문가도 압구정동 배나무 밭의 가치를 알지 못했던 때"라고 실토한 것을 보면 그의 정보 해석 능력이 탁월했음을 알 수 있다.

드디어 6년 반의 공사 기간을 거쳐 1973년 10월 15일 소양강댐이 완공됐다. 한강의 고질적인 홍수를 해결하고 부족한 물과 전기를 확보하기 위해 추진된 공사 과정에서 37명이 숨졌다. 하지만 세계 4위이자 동양 최대 규모인 댐을 만들며 축적된 기술은 현대건설을 부동의 재계 순위 1위 기업으로 만들었고, 한국의 해외 건설 진출의 밑거름이 된다.

빨리 손을 턴 사람에게 이익이 돌아간다

역사적으로 핫스폿을 향한 기업(인간)의 움직임을 가장 명확하게 볼 수 있었던 때가 19세기의 골드러시임은 분명하지만, 1990년대 말 미국 샌프란시스코만 지역에 일었던 '닷컴 열풍'이라는 대규모 디지털 경제 붐 또한 만만치 않다.

닷컴 열풍 역시 기술자, 기업가, 전문 투자자뿐만 아니라 일반 주식투자자에 이르기까지 거의 모든 사람들 앞에 기회가 펼쳐진 것처럼 보였다. 그러나 열풍은 곧 가라앉으면서 숱한 기업들이 지평선 너머로 떠오르고 종국에는 일부만 남겨진 채 분해되어 버렸다. 당시 버블에 앞장섰던 주식 중에는 PER이 200배가 넘어가는 기업도 있었다. 이는 순이익을 200년 동안 축적해야 시가총액을 따라잡을 수 있음을 의미하는 것이다.

수많은 개인들이 버블을 타고 인생의 천국과 지옥을 달렸고, 소위 전문가라 칭하는 기관투자자들마저 이를 정확히 예측하지 못하고 큰 충격에 빠진 것은 당시로서는 크나큰 사건이었다.

왜 이렇게 무모한 일이 발생한 걸까? 버블은 어떤 과정을 거쳐 생성된 것일까? 당시의 닷컴 열풍인 IT 버블은 다음 과정을 거쳐 진행되었다.

지금까지 없었던 '인터넷'이라는 새로운 세상이 이미 눈앞의 현실이 되었고 이것만 가지고도 기존에 존재했던 모든 사회를 재편할 수 있으리라는 환상에 수많은 사람이 현혹되기 시작했다. 그런 환상 속에 수많은 개인투자자들이 주식시장으로 영입되었고 IT는 주식시장에 입문한 그들에게 적절한 테마였다. 이윽고 주위에는 IT주에 투자해서 돈을 벌었다는 사람들이 하나둘 나타나기 시작한다.

문제는 그 당시 개인투자자들의 평균적인 주식시장에 대한 이해도가 높지 않았고 기업의 수익, 지표, 가치 등을 분석하려고 들지도 않았다는 것이다. 그러자 연이어 IT주들은 끓어올랐고 비정상적인 시장에 대해 의심을 던지던 기관투자자들마저 치솟는 주가에 나 몰라라 할 수밖에 없었다. 이렇게 버블은 커질 대로 커져갔다.

당연히 주가가 정점에 도달하자 이상 징후들이 나타나기 시작했다. 주가는 올랐지만 더이상 주식을 살 자금이 시중에서 흘러나오지 않아 거래량이 감소하기 시작했고, 투자 초기의 큰손 및 대주주들이 주식을 매도하기 시작함에 따라 거품은 급격히 꺼져가게 된다. 결과적으로 이때 재빨리 손을 털고 나온 사람이 가장 큰 이익을 본 사람이었다.

다음으로는 정보력이 빠른 기관이 대주주 지분이 줄어든 것을 알고는 현실을 깨닫는다. 그리고 매도를 해나가기 시작한다. 종국에는 '일시적인 조정일 거야, 곧 다시 오르겠지' 하면서 미련을 버리지 못한 개인만이 남게 된다. 이미 주식은 휴지조각이 되어 있고 계좌는 깡통계좌가 되었음에도 말이다. 아이러니하게도 이런 '합리적이고 똑똑한 사기극'에서 더구나 정보의 평등화를 꿈꾸며 희망을 실었던 IT에서, 힘없고 정보력 없는 개미들만 피해를 입은 것이다. 꼭 IT 버블이 아니더라도 경기 곡선에서 항상 뒤에 남아 있던 사람들은 개인이었다.

결과적으로 IT 산업의 초창기 기업 형성과 주가 급등은 자본주의의 진수를 보여주었다. 그러나 이어진 과잉 투자와 군중심리는 빈익 빈 부익부라는 자본주의의 폐단을 여실히 보여주면서 끝이 난다.

디지털 기술의 발달이 인간을 이롭게 하고 생활을 편리하게 바꿔주는 측면이 분명히 있다. 다만, 기술 발전을 과장해 온통 미래를 장밋빛으로 색칠하는 것에서부터 거품은 시작된다.

이때쯤 되면 언론은 '견제구'를 던지기보다는 항상 거품의 '치어리더' 노릇을 한다. 1990년대 말의 버블기에도 언론은 '신경제' 운운하며 그럴듯한 이론을 앞세워 수익을 내본 적이 없는 인터넷 기업의 주가가 하늘 높이 치솟는 것을 옹호 또는 방조했다. 이런 사례는 너무도 많다.

2000년대 후반 한국 언론은 '중국 모멘텀'이니 '한국의 워런 버핏'이니 하는 용어로 무모하게 중국 펀드를 비롯해 해외 펀드 투기를 앞장서서 조장했다. 그리고는 여기에 현혹된 개미들만 쪽박을 찼다. 최근에도 소셜 네트워크, 소셜 커머스 등 '소셜' 시리즈가 부각되는 한쪽에서는 '모바일에 기반한 소셜 네트워크가 인간의 생활 양식을 근본적으로 바꾸고 있다' 등등의 기사들이 넘쳐나고 있다.

크게 낯설지 않고 어디서 많이 들어본 이야기가 아닌가? 기사를 유심히 보다 보면 지난 시대 거품의 데자뷔를 보는 듯하다. 골드러시나 닷컴버블과 진행 과정이 똑같다. 단지 대상이 금이 아니라 IT와

4차 산업혁명인 것이 다를 뿐이다.

    다시 앞의 1990년대 말 샌프란시스코만으로 돌아가 보자. 그렇다면 그 당시 기술 열풍으로 가장 큰 혜택을 본 집단은 어디였을까? 기술에 투자한 대형 투자사? 회사를 그만두고 나와서 창업한 기업가? 아니면 월급 이외 보수로 스톡옵션을 받은 근로자? 전부 아니다. 정답은 지주와 건물주였다.

    세계 곳곳에서 투자자와 기술자들이 몰려들어 돈과 노동력은 그다지 부족하지 않았다. 하지만 제한된 주거지와 사무실을 놓고 모두가 경쟁했다. 수년간 임금은 40% 올랐으나 주택 가격은 두 배로 뛰었다. 결국 닷컴에 직접 뛰어든 투자자들이 깡통을 차고 벼랑 끝으로 내몰리는 사이 돈 번 사람은 따로 있었던 것이다.

    그런데 어디선가 본 것 같지 않은가? 그렇다. 골드러시의 진행 과정과 똑같다. 대상이 금이 아니라 IT인 것을 제외하고는 말이다. 같은 논리로 대상만 다를 뿐 4차 산업혁명 역시 같을 거라고 유추할 수 있다. 그리고 정말 다행스러운 것은 앞선 사례에서 우리는 이미 교훈을 얻었다는 점이다.

4 장

"부(富)의 연금술은 진행형이다"

부(富)의 연금술은 진행형이다

　　세계적으로 히트한 영화 〈아바타〉는 70세가 넘은 나이의 제임스 카메론(James Cameron) 감독이 만든 영화다. 그는 호기심과 상상력을 바탕으로 자신이 좋아하는 영화를 만들어냈으며 모든 사람에게 큰 감동을 주었다. 이 영화를 한마디로 평한다면 '인류의 상상력(想像力)에 기반하여 인류가 상상하는 세계를 만들었다'라고 할 수 있을 것이다.

　　상상력의 힘에 대해서는 많은 사람이 이야기한다. 아인슈타인은 "진짜 지능은 지식이 아니라 상상력이다"라고 했고, 경영학의 구루로 평가받는 피터 드러커(Peter Drucker)는 "불투명한 문제가 많은 영역에서는 새로운 상황을 낳게 하는 창조적인 해결 방법이 필요하다. 그래서 우리는 상상력이 풍부해야 한다"고 말했다. 결국 상상력이 지식보다 훨씬 더 중요하다는 뜻인데 그런 이유로 '호기심과 상상력이 없다면 그 인생은 비극'이라는 표현은 지나치지 않다.

골프에서도 역시 중요한 퍼팅을 잘하기 위해서는 '상상력을 발휘하라'라고 말한다. 물론 상상력의 중요성은 골프에만 해당되는 것이 아니다. 이 책의 주제인 4차 산업혁명을 비롯한 모든 일의 근저에는 상상력이 자리한다. 다음의 사례도 상상력의 중요성을 잘 보여준다.

1967년 1월 27일 구소련과 우주경쟁을 펼치던 미국항공우주국(NASA)에 대형 참사가 일어났다. 발사 훈련 중이던 아폴로 1호에 불이나 세 명의 우주비행사가 출발하지도 않은 우주선에 갇혀 꼼짝없이 목숨을 잃었다.

구소련과의 과도한 경쟁이 빚은 재난이라는 빗발치는 비난 속에 의회 청문회가 열렸다. 의회 청문회 막바지에 의원들은 '미 행정부와 NASA가 소련과의 우주경쟁에 집착해서 발생한 인재(人災)'라는 확인 절차를 받고자 당시 생존한 한 우주비행사를 소환했다. 하지만 그의 진술은 의원들의 기대하는 바와는 사뭇 달랐다.

그는 "의원님들의 지적처럼 지나친 경쟁심 때문에 시간에 쫓겨 서둘러서 프로젝트를 진행시켜 참사를 불러일으켰다는 것도 사실입니다. 하지만 참사의 진짜 원인은 상상력의 부족이 더 크다고 생각하고 있습니다"라고 설명을 추가했다.

"우리는 먼 우주 공간에서 일어날 수 있는 위기 상황에 대해서는 여러 측면에서 생각하고 대비해 왔지만 정작 발사대에 매달려 있는 상황에서 문제가 발생하리라곤 아무도 상상하지 못했습니다.”

상상력의 역설을 극명하게 보여주는 사례가 아닐 수 없다. 아이러니하게도 오직 극도의 상상력으로 도전하는 우주경쟁에서 그 상상력의 부족으로 인해 대형 참사가 빚어진 것이다. 어떤 상황에서도 사람은 상상할 수 있는 만큼 대처할 수 있다. 또한 대처할 수 있는 만큼 살아남을 수 있다. 그것이 비록 우주 공간이라도 말이다.

현대판 연금술은 지금도 계속되고 있다

연금술(鍊金術)은 철이나 구리, 납 따위의 비금속(卑金屬)을 금이나 은 같은 귀금속으로 변화시키거나 불로불사(不老不死)의 약을 만들려고 시도했던 기술을 말한다. 고대 이집트에서 시작되어 중세 시대 유럽에 퍼졌다. 많은 사람이 일확천금의 꿈을 안고 연금술을 통해 금을 만들어내려고 노력했지만 누구도 성공하지 못했다. 대신 연금술의 실험과 그를 통해 발견된 새로운 물질들은 근대 화학의 발달에 많은 기여를 했다.

연금술은 현대 사회에서는 신비주의의 하나로 여겨지지만 그럼에도 수많은 연금술사들은 인간의 수명을 연장시키거나 열등한 물질로 금을 만들어내려고 끈질기게 노력해 왔다. 드디어 19세기에 들어 화학적인 방법으로 금을 만들 수 없다는 사실이 밝혀지지만 그럼에도 연금술은 다른 각도에서 계속된다.

현대에 와서는 '시련(試鍊)의 보석'이라고 불리는 진주 양식의 시도를 '연금술'이라고 부르기도 한다. 진주는 땅에서 캐지 않으며 지구상의 모든 보석 중 유일하게 생명체가 직접 만드는 보석이다. 조개는 어쩌다 자기 몸에 박힌 모래알을 본능적으로 진주층(nacre)이라는 생명의 즙으로 계속해서 덮어 싸고 또 덮어 아픔을 참아낸다. 그렇게 하지 않으면 모래알이 살을 파고들어 살이 썩어 죽게 되기 때문이다. 그렇게 몇 달 혹은 몇 년이 흐르면 진주가 만들어진다.

이렇게 힘든 과정을 거쳐 만들어진 천연진주는 당연히 매우 귀하고 비싸다. 실제로 천연진주 한 알을 얻기 위해서는 대략 1만여 개의 진주조개를 열어보아야 한다고 한다. 진주가 왜 보석의 여왕이며 엄청난 가격으로 거래되는지 수긍이 가는 대목이다.

가격이 너무 비싸 고대 로마 전성기 시절 비넬리우스는 어머니의 진주 귀걸이 한 개를 팔아 전투 자금을 조달했다는 이야기가 전해 내려온다. 20세기에 와서도 천연진주는 매우 인기가 있었지만 여전히 그 비싼 가격 때문에 왕족과 부자들만이 소유할 수 있는 보석이었다. 당시에 천연진주는 금보다도 몇 배나 비쌌다고 한다.

세월이 흘러 진주목걸이 하나로 맨해튼의 6층짜리 저택을 살 수 있었던 시절에 일본에서 한 특허 등록이 신청되었다. 그것은 완전히 둥근 모양의 진주를 인공 양식으로 생산하는 방법에 관한 것이었다.

'생명'에 대한 최초의 특허

일본의 미키모토 고키치(御木本幸吉)가 진주 양식에 나선 것은 32세 무렵이었다. 미키모토의 진주 양식 방법은 조개 속에 인공적으로 진주핵을 집어넣어 기르는 것이었다. 그는 고생 끝에 마련한 쌀가게를 처분하여 외딴 섬에 들어가 실패를 거듭한 끝에 4년 만인 1893년 드디어 반원형 진주를 만들어냈다. 그 뒤 1905년에는 원형 진주를 선보였다. 이것으로 그는 '생명'에 대한 최초의 특허를 받게 되었다.

이 발명은 끈질기게 시도돼 온 진주 양식의 본격적인 상업화를 알리는 기폭제였다. 또한 수천 년 동안 각광받아 오던 천연진주 산업의 퇴조를 예고하는 서막이기도 했다. 그가 양식에 성공한 이후로 진주는 여러 나라에서 쉽게 생산하고 보급될 수 있게 되었기 때문이다.

세계는 그의 연금술에 경악했다. '보석의 대량생산은 이미 보석이 아니다'라며 인공 양식을 인정할 수 없다는 논란도 일었다. 런던과 파리의 보석상들은 '교묘한 모조품'이라며 양식진주를 오랫동안 배격했다. 이런 불신과 기득권의 벽을 무너뜨린 것은 철저한 품질 관리였다. 생산량의 90%를 불태워 버리는 미키모토의 고급화 전략과 '천연진주와 양식진주는 동일하다'는 학계의 연구가 맞물려 일본은 진주 수출 대국으로 떠올랐다. 왕족의 전유물이던 진주는 이제 만인의 보석이 되었다.

다급해진 것은 걸프만 유역의 토후국들이었다. 그중 누구보다 다급해진 것은 쿠웨이트였다. 일본의 진주 양식 성공으로 외화벌이 수단이던 천연진주가 설 자리를 잃었기 때문이다. 가진 것이라고는 사막과 해안뿐인 조그만 토후국이었던 쿠웨이트는 주력 산업인 천연진주 수출 격감으로 줄도산을 겪어야 했다. 배는 방치되고 잠수부는 유목 생활로 돌아갔다. 대안으로 택한 것은 자원 개발이었고 몇 년의 탐사 끝에 유전이 터지면서 위기도 날아갔다. 일본산 양식진주가 석유 개발을 자극한 셈이다.

당연히 아라비아반도의 두바이와 아부다비도 그 물결을 피해가지 못했다. 천연진주의 산지이자 수출항이던 두 지역은 양식진주 기술의 보급과 함께 몰락했고 맨몸으로 진주조개를 캐던 잠수부들을 비롯한 많은 이들이 생계를 찾아 흩어져야 했다.

쇠락해 가던 이 지역을 바꿔놓은 것 또한 석유였다. 1950년대부터 본격적으로 개발되기 시작한 유전은 아랍에미리트(UAE)의 역사를 새로 쓰게 했다. 경제 규모를 수백 배 성장시켰고 1인당 국내총생산(GDP)도 4만 달러까지 끌어올렸다. 이제 UAE의 상징은 목숨을 건 자맥질로 잡아 올리는 진주조개가 아니라 세계에서 가장 높은 빌딩 '부르즈 칼리파'나 거대한 야자수 모양의 인공섬 '팜 주메이라'가 되었다.

결국 오래전부터 진주조개 잡이나 하던 작은 어촌에 불과했던 두바이가 21세기 사막의 오아시스로, 지금의 두바이로 바뀌게 된 데는 바로 일본산 양식진주의 역할이 컸고, 그것은 미키모토가 그 원인(遠因)을 제공한 셈이다. 그들은 지하에서 자원을 캐는 것에 그치는 게 아니라 인간이라는 자원을 캐고 있는 것이다.

미래를 진주나 석유 같은 천연자원에 의존하는 것이 아니라 지식재산에 의존해야 하는 이유다. 사람이라는 재산에 미래를 걸어야 한다.

진주로 인해 UAE의 상징은 바뀌었지만 그들은 천연진주의 교훈을 잊지 않고 있는 것 같다. 왜냐하면 검은 황금이 준 풍요가 얼마나 갈지는 아무도 모르기 때문이다. 자원 고갈은 큰 위기이며 다시 진주를 캐기 위한 자맥질로 돌아갈 수는 없기 때문이다. 물론 희망이 없는 것은 아니다. 역경을 딛고 보석을 창조한 미키모토 같은 의지가 있다면 땅 속 자원보다 훨씬 더 값진 선물을 캘 수 있을 것이다. 바로 인간 그 자체다.

혁신하지 않는 대가

우리가 지금까지 이루어 왔고 또 앞으로 달성해 나갈 성취(연금술)

는 결국 '혁신'으로만 가능하다. 그런데 그 혁신에는 상상력이 필요하다. 왜냐하면 사람들은 상상할 수 있는 만큼만 대처할 수 있기 때문이다. 더구나 천연진주의 달콤한 추억조차 없는 우리에게는 혁신이 더욱 절실하게 다가온다. 4차 산업혁명 시대에 생존하고 성장을 뒷받침하기 위해서는 인간자산, 즉 지식재산의 역할은 더욱 강조될 수밖에 없다. 다음 이야기는 4차 산업혁명 시대를 맞이하여 어디에 방점을 두어야 하는지를 보여준다.

미국에서는 '코닥드(Kodaked)'라는 말이 일반명사처럼 쓰인다. 우리나라 말로는 '코닥되다'쯤의 의미로 쓰이는데, 얼마 전부터는 '혁신을 외면하다 몰락한 기업'이라는 의미로도 통한다. 사연은 이렇다.

사진의 대명사로 통하던 코닥은 120년 넘게 필름과 필름 카메라 분야의 선도 기업이었다. 그랬던 코닥이 2012년에 파산 신청을 하고 경영 부실에 대한 책임으로 몇 명의 자살자와 함께 문을 닫기에 이르렀다.

코닥의 시작은 뉴욕 로체스터 은행의 서기였던 조지 이스트먼(George Eastman)이 현대식 필름을 만든 뒤 알파벳 K가 강한 인상을 준다고 믿어 회사 이름을 앞뒤에 K가 반복 사용되는 '코닥(Kodak)'으로 정하면서부터였다. 코닥의 광고 카피인 '당신은 찍기만 하세요. 나머지는 저희가 알아서 하겠습니다(You press the button, we do the rest)'는 당시 대중에게 신선한 충격을 주었다. 그 결과 1910년대부터는 필름은 모두 '코닥'이라고 부를 정도로 회사가 급성장했다.

코닥의 명성을 한순간에 앗아간 것은 디지털카메라의 등장이다. 2000년대 이후 디지털카메라가 확산되면서 필름의 판매량이 급감하기 시작했다. 위기가 분명했으나 코닥은 디지털카메라 사업 부분의 강화를 꾀한 것이 아니라 오히려 기존 필름 사업을 강화하기 위한 제품 개발과 마케팅에 몰두했다.

그런데 정말 아이러니하게도 코닥은 전 세계에서 제일 먼저 디지털카메라를 개발한 회사였다. 1975년 코닥의 전자사업부 엔지니어였던 스티브 세손이 세계 최초로 디지털카메라를 만든 것이다.

세손이 최초로 만든 디지털카메라를 회사 경영진에게 보여주었을 때 경영진이 보인 첫 반응은 "아주 귀엽군, 그렇지만 이것을 아무에게도 말하지 말게"였다.

재미있게도 코닥은 디지털카메라가 향후 아날로그 필름 시장 전체를 바꿔놓을 것을 예상했지만 이것에 대한 상용화를 중지시킨 것이다. 코닥은 카메라의 디지털화를 가장 먼저 예견했으면서도 기존 제품을 더욱 공고히 하는 데 집중했다. 자신들의 핵심 사업인 필름 시장의 붕괴를 우려해 더 큰 시장으로 진출할 수 있는 기회의 문을 스스로 닫아 버린 것이다.

코닥의 안일함은 여기서 그치지 않았다. 1981년 일본 소니가 디지털카메라 제품을 선보이자 코닥 내부에서 디지털카메라가 언제쯤 기존 사업을 대체할 것인가에 대해 연구를 진행했다. 결과는 디지털카메라가 궁극적으로 카메라를 대체할 것이고 그 시기는 앞으로 10년 후가 될 것이라는 충격적인 내용이었다.

그런 정확한 조사 결과를 가지고도 코닥은 디지털 기술을 단지 기존 필름의 품질을 높이는 데 사용했다. 그리고 안타깝게도 발 빠르게 혁신하지 않고 기존 사업 모델에 안주했으며 그 대가는 참으로 혹독했다. 코닥은 결국 파산 보호 신청을 하게 되고 코닥 창업자의 자살로 이어진다. 그의 유언은 이랬다. "친구들이여, 나의 일은 모두 끝났다. 무엇을 더 바라겠는가?"

그렇다! 코닥은 아날로그에서 디지털로 바뀌는 시대적 흐름을 제대로 읽지 못하고 과거의 영광에만 안주하다 기업 몰락으로 이어진 것이다. 코닥에게는 여러 번의 기회가 있었지만 기회를 자신의 것으로 만드는 리더가 없었다. 그리고 리더의 상상력 부재는 참혹한 결과를 가져왔다. 어떤 것이든 상상할 수 있는 만큼 대처할 수 있다. 4차 산업혁명 시대가 어떻게 발전해 나가도 역시 상상력이 곧 생산력이자 연금술일 것이다.

미래맹(未來盲)으로부터
탈출하라

4차 산업혁명과 앞선 산업혁명은 차이점이 많지만 공통점 또한 많다. 예컨대 1차 산업혁명은 사람의 노동력을 기계로 대체했다면 4차 산업혁명은 인간의 두뇌를 기계로 대체한다는 점이다. 사람들은 흔히 인공지능 자동화 시스템을 육체노동을 없애는 것쯤으로 생각하지만 엄격하게 이야기하면 그것은 공장을 제어하는 사람들의 두뇌를 자동화하는 것이라고 해야 한다. 말하자면 알고리즘화할 수 있는 것은 다 대체될 수 있다는 뜻이므로 이때 인간은 판단과 직관력 등 기계로 대체 불가능한 일에 시간을 더 쏟는 게 낫다.

생소한 용어로서 '미래맹(未來盲)'은 퓨처 블라인드니스(Future-blindness)에서 유래한 용어다. 이는 〈와이어드(Wired)〉의 편집장으로 있는 케빈 켈리(Kevin Kelly)가 처음 사용한 말인데 '무엇이 어떻게 변해갈지 확실하게 미래를 보지 못하는 것'쯤으로 정의할 수 있다.

그에 의하면 미래의 세상은 세 가지로 나뉜다고 한다. 유토피아, 디스토피아, 프로토피아가 그것이다. 프로토피아(Protopia)는 과정(process)과 진보(progress)에서 유래한 용어로 '앞으로 나아간다'는 뜻을 내포하고 있다. 그는 미래는 정해져 있지 않고 당연히 유토피아인지 디스토피아인지 알 수 없으며, 미래의 세상은 우리가 앞으로 어떻게 하느냐에 달려 있다고 말한다. 미래는 급격하게 바뀌는 과정을 거치지만 결국은 성장해 간다는 것인데 하버드 대학 교수인 대니얼 길버트(Danial Gilbert)는 이렇게 말한다.

"지구상에서 미래를 생각할 수 있는 동물은 사람밖에 없다. 인간의 뇌는 일종의 미래를 예견하는 기계로 이것이 하는 가장 중요한 일은 미래를 만들어내는 것(Making Future)이다."

사람은 막연한 희망을 갖는 데 익숙해져서 미래를 이야기하는 데 인색한 것이 사실이다. 가령 '그때 참았더라면, 그때 잘했더라면, 그때 알았더라면' 하고 후회하면서도 지금이 바로 '그때'가 되었건만 자꾸 '그때'만을 찾는 데 익숙해져 있다. 지금은 아무렇게나 보내고 현재나 미래의 삶에서 의미를 찾으려는 노력도 부족하다.

실제로 심리학자 윌리엄 마스턴은 시민 3,000명을 대상으로 '당신은 무엇 때문에 살고 있습니까?'라는 내용의 설문조사를 했다. 그런데 응답자의 94%가 '미래를 기다리면서 현재를 그저 참아내고 있다'고 대답했다고 한다. 이때 응답자들이 말하는 '미래'란 '아이들이 자라서 떠날 때' '승진할 때' '1년 뒤 혹은 내일' 등이었다. 그중에 놀라운 것은 그저 '무슨 일이 벌어지기만을 기다린다'고 대답하는 응답자도 적지 않았다는 것이다.

콜레트와 빌 게이츠의 일화

1973년 영국 리버풀에서 미국으로 유학을 온 콜레트(Colet)가 하버드 대학에 입학했다. 늘 그의 옆자리에 앉아 수업을 듣곤 했던 절친은 당시 18세의 빌 게이츠였다. 둘은 모두 소프트웨어 개발이란 꿈을 가지고 있었다. 같은 꿈을 가지고 있다는 것을 알고 빌 게이츠가 콜레트에게 먼저 제안을 했다.

"우리 자퇴를 하고 함께 비즈니스를 하자. 컴퓨터 프로그램을 함께 개발해 보자!"

하지만 콜레트는 대학을 그만두고 같이 소프트웨어를 개발하자는 빌 게이츠의 제안을 완곡하게 거절했다. 하버드에 유학을 온 목적이 공부지 사업이 아니기 때문이다. 더구나 뭔가를 개발하기 위해서는 반드시 수업 과정을 이수해야 한다고 믿었다. 빌 게이츠와의 결별 이후 콜레트는 공부를 계속하여 10년 만에 하버드 대학에서 박사학위를 따게 된다.

반면에 빌 게이츠는 하버드를 중퇴한 후 바로 창업에 들어갔다. 그후 그는 세계적인 갑부가 되었고, 그의 이름은 곧 성공과 부를 상징하며 세계 곳곳에 퍼져 나갔다. 당시 이미 빌 게이츠의 재산은 69억 달러로 불어나 월가의 대부인 워런 버핏 다음 가는 미국 제2의 갑부가 되어 있었다. 면학파였던 콜레트가 박사 과정을 밟고 있을 때 학교를 자퇴한 빌 게이츠는 사업을 일궤 〈포천〉이 선정한 억만장자의 대열에 이르게 된 것이다.

드디어 1995년 콜레트는 이제 학식을 충분히 쌓았으니 32비트 재무 소프트웨어를 개발해도 되겠다고 생각했다. 하지만 그때는 이미 빌 게이츠가 비트 시스템보다도 1,500배나 빠른 새로운 소프트웨어를 개발하여 시장을 석권한 상태였다.

세상에는 큰 예외 없는 하나의 진리가 존재한다. 그것은 일을 하려 할 때 모든 조건이 다 갖추어지기를 기다렸다가 행동하면 영원히 기다려야 한다는 것이다.

콜레트와 빌 게이츠의 일화가 이를 증명한다. 실제로 빌 게이츠는 한 인터뷰에서 '가장 무서운 라이벌이 누구냐?'는 질문에 이렇게 답했다. "눈에 보이지 않지만 지금 이 시간에도 과거의 저처럼 주차장 한 곳에 자리잡고 앉아 밤을 새워가며 새로운 것을 연구하는 무서운 아이들입니다." 이런 그의 언급은 얼마 지나지 않아 현실이 되었다. 구글과 페이스북이 등장했기 때문이다.

혁신의 계기, 즉 IT나 4차 산업혁명처럼 세상이 급변할 때는 반드시 새로운 영웅이 나타난다. 그때는 기존의 질서를 깨부수고 새로운 세상에 맞는 틀을 들고 나오는 사람이 주인공이 된다. 더구나 지금처럼 기술의 혁신이 급격하게 일어나는 시대에는 너무나도 많은 기회가 손짓하고 있다. 이러한 시대는 일단 결정했으면 망설이지 말아야 한다. 가령 빌 게이츠가 모든 지식을 다 배운 후에 마이크로소프트(MS)를 창업했다면 오늘날처럼 세계적인 부호가 되지는 못했을 것이다.

콜레트와 빌 게이츠! 같은 꿈 아래에 너무나도 다른 삶을 산 두 사람의 차이는 바로 '망설임'과 '상상력'이었다. 콜레트는 만일에 있을 실패에 대비해서 충분한 지식을 쌓은 후에 소프트웨어 개발을 하겠다며 자퇴를 망설였다. 그러나 빌 게이츠는 특별히 손에 잡히는 무엇이 있었던 것은 아니었지만 상상의 날개를 편 끝에 창업을 결심했고 콜레트와 달리 선택을 망설이지 않았다.

점차 기계로 대체되는 인간의 영역

다시 대니얼 길버트 교수의 이야기로 돌아가보자. 그는 사람만이 미래를 만들어 나갈 수 있다는 것을 설명하기 위해 우리가 일상에서 흔히 '내일하자' 혹은 '나중에 하자'라고 말하는 것을 빗대 '내일' '나중'이라는 개념을 갖고 있는 유일한 동물이 인간이라는 점을 강조한다. 과거가 중요하지 않다는 게 아니다. 길버트 교수가 주장하는 의미는 분명하다.

과거, 현재, 미래에의 이야기가 균형을 이뤄야 하며, 특히 미래를 이야기해야 미래맹에서 탈출할 수 있다.

미래 이야기에서 가장 먼저 언급되는 것은 기술이다. 기술 혁명, 기술 융합, 지식 융합이 일어나는 속도가 너무 빨라 초 단위, 분 단위로 기술이 변화하는 시대다. 이런 추세라면 인공지능이 인간의 지능을 지배하는 세상이 된다는 불행한 전망도 크게 틀릴 것 같지 않다.

어떤 일을 시작하는 것은 예측하는 것에서부터 비롯된다. 가령 새로운 사업을 시작하든 연구를 하든 어떤 일을 시작하기 전에 우리는 이전의 경험을 비판적으로 분석하고 관련 이론을 찾아 가설을 세우고 대안을 설계한다. 이런 활동이 모두 예측이다. 그러므로 전망, 즉 예측하지 못하면 시작할 수 없다.

말하자면 전망과 예측은 미래의 영역이고 시작을 하지 못한다는 것은 예측을 못했다는 뜻이 된다. 물론 힘들여 예측을 하려고 하지 않는 이유는 현재의 세계가 너무 복잡해 예측한 대로 맞지도 않고 또 미래를 계획해 봐야 뜻대로 되지도 않기 때문일 것이다.

이렇게 복잡하면서도 인간의 조건이자 특권이었던 '예측'의 영역을 점차 기계가 대신하고 있다. 좀 더 심하게 말하면 '미래'라는 영역이 인공지능의 몫이 되는 것이다. 실제로 요즘 우리는 어떤 것을 예측할 때 더이상 인간의 직관이나 촉, 감성 등에 의존하기보다는 통계와 데이터를 믿고 활용하는데 이것이 더 정확하다고 평가되기 때문이다. 더구나 데이터를 분석하는 기계의 지능은 기하급수적으로 발전해 인간의 지능을 넘어설 것으로 예상된다.

이런 상황이 되면 인류는 인공지능 기계에 더욱 의존하게 될 것이고, 결과적으로는 예측의 종속 현상에 노출되는 황당한 상황에 처하게 될 것이다.

물론 현재도 많은 경우 필요한 자료를 모으고 의사결정을 하는 데 있어서 기계의 도움이 절대적이다. 그런데 인간의 지능이 기계의 지능보다 뒤진다면 어떻게 될까? 열등한 인간의 예측이 무슨 소용이 있겠는가? 이렇게 되면 예컨대 원숭이가 예측한다고 인간 세계가 달라지지 않듯이 사람이 예측한다고 고(高) 지능의 기계가 만들어 갈 세계가 바뀌지는 않는다는 이야기가 된다.

어쩌면 능동적으로 무엇을 시작하기보다는 앞으로의 계획을 포기하는 것에 더 익숙해져 가는 현재의 젊은 세대가 바로 이런 생각하기조차 싫은 시대를 알려주는 징조일 수도 있겠다는 생각이 든다. 어쨌든 새로운 미래로의 여행을 시작하지 않는다면 인간 대부분은 소수의 권력자와 다수의 기계가 설계하는 대로 살아야 하는 불편한 미래를 맞이할 수밖에 없다.

더구나 4차 산업혁명으로 인한 인공지능의 덕으로 인류는 기계를 소유한 사람과 기계가 하지 못하는 것을 할 수 있는 사람, 기계가 하기 싫어하는 일을 해야 하는 사람으로 구분될 것이다. 그리고 기계를 소유하거나 기계가 하지 못하는 것을 할 수 있는 사람들이 대다수의 부를 차지할 것이다.

그 결과 현재 중산층의 좋은 일자리는 외주화, 자동화, 로봇화, 디지털화되기 때문에 앞으로는 공감형 기술직이 각광받게 될 것이다. 말하자면 직업의 근무 형태가 혁명적으로 변화한다는 의미다. 이를 위해서는 기계가 할 수 없는 일을 하는 사람이 주목받게 될 것이다. 즉, 기계를 활용하여 새로운 가치를 만들고 이를 공유하고 향유하며 사유(思惟)할 수 있는 사람이 바로 '하이브리드 인간'인데 이런 하이브리드 인간이 갖춰야 할 능력은 '공감'과 '소통' 그리고 '협력'이다. 결국 4차 산업혁명으로 많은 변화가 일더라도 소통과 협력의 중요성은 변하지 않는다는 의미다.

나와 다른 이질적인 사람의 가치관과 전문성을 공유하고 인정하는 것에서부터 4차 산업혁명을 준비하는 우리의 자세가 시작되어야 한다. 그것이 또한 미래맹을 극복하는 우리의 자세이기도 할 것이다.

혁신적인 '문샷 싱킹'으로 해결하라

최근 경영학에서는 문제를 해결하기 위한 방식으로 여러 가지 혁신적인 이론들이 등장한다. 그중에 '문샷 싱킹(moonshot thinking)'이 있다. 달에 유인 우주선을 보내는 프로그램을 가리켜 '문샷'이라고 하는데 거대한 문제에 대담하게 도전하는 것을 뜻한다. 다른 말로 하면 '문샷'이란 달에 사람을 보내는 것처럼 실현 가능성이 낮지만 성공하면 기술 발전 단계를 획기적으로 끌어올릴 수 있는 혁신적인 기술을 의미한다. 그러므로 '문샷 싱킹'은 크고 위험하고 대담한 목표를 뜻하는 BHAGs(Big Hairy Audacious Goals)와 비슷한 의미로 쓰인다고 할 수 있다.

인류의 위대한 도전이라는 1960년대의 달 정복 계획은 미국의 35대 대통령 존 F. 케네디가 미국의 한 대학 초청 연설에서 달 탐사를 선언하면서 시작되었다.

> "우리는 달에 갈 것입니다. 10년 이내 인간이 달 위를 걷게 하겠습니다. 이 목표가 쉽기 때문이 아니라 우리의 에너지와 최고의 기술을 모두 발휘할 때 정복할 수 있는 어려운 목표이기 때문입니다."

그러자 수많은 과학자가 '불가능하다'고 반대하고 나섰다. 케네디는 그들을 불러 왜 불가능한지 이유를 설명해 보라고 했다. 많은 과학자가 자신의 지식과 연구 결과를 총동원하여 유인 우주선이 달 위에 착륙할 수 없는 이유를 너무도 상세하게 논리적으로 설명했다. 하지만 대통령은 더 많은 과학자를 만났고 그들 중에 '가능하다'고 말하는 과학자들과 함께 가능한 해결책을 찾아 나갔다.

드디어 1969년 7월 20일 닐 암스트롱은 바위로 뒤덮인 달 표면의 '고요한 바다'에 인류 최초로 발을 내디뎠다. 인류의 오랜 꿈이 현실로 바뀌는 역사적 순간을 전 세계 6억 명이 흑백 텔레비전 화면을 통해 숨죽이고 지켜봤다. 그들을 향해 암스트롱은 '한 사람에게는 작은 걸음이지만 인류에게는 거대한 도약(One small step for (a) man, One giant leap for mankind)'이라는 명언을 남겼다. 그리고 암스트롱과 올드린은 달 표면에 미국 국기를 꽂고 이런 글이 적힌 명판을 남겨놓았다. "여기, 지구라는 별에서 온 인간들이 서기 1969년 7월에 첫발을 내딛다. 우리는 모든 인류를 대신해 무사히 이곳에 왔다."

위험하고 대담한 목표, BHAGs

사례로도 알 수 있듯이 진정한 문샷 싱킹은 10%의 개선을 노리는 게 아니라 오히려 100~1,000% 혁신에 도전하는 것이다. 예컨대 망원경 성능을 개선하기보다는 달 탐사선을 발사해(moonshot) 직접 달에 가는 게 빠른 것처럼 급진적이고 혁신적으로 문제해결 방식을 만들어내자는 것이다.

1907년 43세의 헨리 포드는 놀랍게도 BHAGs, 즉 크고 위험하고 대담한 목표를 제시하며 회사의 전진을 주도했다. 이때 포드는 '모든 사람들이 자동차를 한 대씩 가질 수 있도록 대중을 위하여 자동차를 만들자'고 선언한다.

"돈 버는 사람이라면 누구나 자동차를 한 대씩 소유할 수 있고, 그래서 멋진 곳에서 가족과 함께 즐거운 시간을 가질 수 있도록 아주 저렴하게 자동차를 만들자. 그러면 고속도로에서 마차가 사라질 것이고 자동차는 당연한 것으로 받아들여질 것이다."

발표 당시 포드 자동차는 막 부상하는 자동차 시장에서 기반을 잡기 위해 활발히 움직이는 30개가 넘는 회사들 중 하나였을 뿐이다. 이제 막 커가는 혼란스러운 산업에서 어떤 회사도 명백한 업계 선두주자라는 목표를 설정하지 않았으며, 포드는 시장의 15%만을 점유하고 있었다. 그러나 이 터무니없는 야심은 포드의 디자인팀 전체의 마음을 움직였다. 그들은 매일 저녁 10~11시까지 무서운 열정으로 일했다. 후일 팀의 일원이었던 사람은 그때를 이렇게 회상했다. "포드와 나는 48시간 동안 휴식도 없이 일한 적도 있다."

이런 열정 덕에 드디어 포드는 경쟁 회사들을 모두 물리치고 자동차 업계 1위 자리에 오른다. 그렇다! '모든 사람에게 한 대씩'이라는 포드의 목표는 담대했다. 그러나 그 목표는 합리적으로 신중하게 생각하면 '비합리적이다'라고 여겨지는 사각지대에 설정된다. 오히려 발전을 향한 열정은 '그럼에도 불구하고 우리는 그것을 할 수 있다'고 믿는 것이다.

모든 기업과 조직은 목표를 가지고 있다. 물론 개인도 마찬가지다. 그러나 단순히 목표를 가지는 것과 에베레스트 같은 높은 산에 오르려는 거대하면서도 강한 도전에 전력투구하는 것과는 차이가 있다.

문샷 싱킹은 단순히 '목표'가 아니라 '거대하고 위험이 많지만 대담한 목표'인 것이다.

삼성의 도약을 이끈 마하 경영

2014년 초 신년사에서 삼성 이건희 회장은 문샷 싱킹과 비슷한 의미의 '마하 경영' 방침을 내세운다. 이때 이야기한 마하 경영이란 항공기가 음속보다 빨리 비행을 하기 위해서는 기본 설계뿐만 아니라 엔진에서부터 소재에 이르기까지 모든 부품을 바꿔야 한다는 것이다. 이것은 무슨 의미일까?

오랫동안 마하 1의 속도는 '마의 벽'으로 간주되었으며 그런 이유로 '음속 장벽(sound barrier)'이라는 용어도 등장했다. 마하는 보통 공기 속에서 탄환, 비행기, 미사일 등 고속 비행체가 운동하거나 고속 기류(高速氣流)가 흐를 경우에 사용한다. 유체 속에서 음속을 기준으로 물체의 속력을 결정하는 값으로 마하 1은 공기 중에서 음속인 시속 약 1,200㎞에 해당한다.

마하 1보다 큰 속도 영역을 초음속(超音速)이라고 한다. 비행체가 공기 중에서 마하 1을 넘는 초음속으로 비행하면 비행체 주위의 공기에는 충격파(shock wave)가 생성되면서 공기의 성질이 급격히 변화하기 때문에 항공 공학에서는 마하수가 중요한 의미를 갖는다.

도저히 넘을 수 없을 것 같았던 '마의 벽', 즉 마하 1의 장벽을 깨고 초음속 비행의 시대를 연 주인공은 미 공군 조종사였던 척 예거 (Chuck Yeager, 1923~)다. 그는 1947년 10월 14일 시험 비행에서 최초로 음속을 돌파했다. 사람들은 그의 비행기가 마하 1을 지나는 순간 해체되고 타 버릴 거라고 생각했지만 해체된 건 단지 그런 잘못된 믿음이었을 뿐이다. 예거는 나중에 자서전에서 '진정한 장벽은 공중에 있지 않았다. 그것은 초음속 비행에 대한 우리의 지식과 경험에 있었다'라고 쓰고 있다.

문샷은 야구에서 까마득하게 멀리 날아가는 홈런 타구를 가리키는 말로도 쓰인다. 하늘에 떠 있는 달을 향해 쏜 것 같다고 해서 붙여진 말이다. 비거리 150*m*가 넘는 한국 프로야구 최장거리 홈런은 1982년 MBC청룡의 백인천을 비롯해 삼성라이온즈의 양준혁, 두산 베어스의 김동주, 롯데자이언츠의 이대호 등이 기록하고 있다.

이건희 회장이 강조한 마하 경영은 삼성의 재도약을 위해서는 접근 원리를 근본적으로 바꿔야 한다는 의미다. 예컨대 음속보다 빨리 비행하기 위해서는 기본 설계뿐 아니라 엔진, 소재에 이르기까지 모든 부품을 바꿔야 하는 것처럼 그동안의 삼성의 체질과 구조를 근본적으로 개선해야 한다는 뜻이다.

마하 경영의 내용을 요약하면 신사업과 신시장, 신기술 그리고 총체적이고 근본적인 변화, 도전, 창의와 소통, 상생 등을 요구한다. 그러므로 문샷 싱킹 이론으로 본다면 "이 세상에 위대한 사람은 없다.

단지 평범한 사람들이 일어나 맞서는 위대한 도전이 있을 뿐이다"라는 윌리엄 프레데릭 홀시의 말은 정확하다.

이렇게 아이디어와 기술이 비즈니스의 변화를 주도하는 모습은 어제오늘만의 일은 아니다. 4차 산업혁명 역시 문제 해결에 대한 접근 원리를 근본적으로 바꿔야 한다는 측면에서 보면 마하 경영과 크게 다르지 않다. 당연한 이야기지만 4차 산업혁명의 변화를 알아야 경쟁에서 밀리지 않는다.

아는 만큼 보이고 보인 만큼 바뀐다

4차 산업혁명 시대에는 연결을 통해 돈을 버는 기업이 많이 등장한다. 예컨대 방 하나 없이 방을 파는 사업, 차 한 대 없이 손님을 택시에 태우고 돈을 받는 사업 등인데 이 둘의 공통점은 연결을 통해 돈을 번다는 점이다. 이것들은 이미 우리 주위에서 성업 중인데 앞으로 펼쳐질 비즈니스 모델의 일단을 보여주고 있는 사례라고 할 수 있다.

빈 공간을 연결하는 기업으로 창업하여 현재 70조 원의 가치가 있다는 에어비엔비(Airbnb)는 호텔방 하나 없이 세계 최대의 숙소 체인이 되었다. 창립자 브라이언 체스키(Brian Chesky)는 너무 가난하여 아파트 임대료조차 부담되었다. 그는 자신과 처지가 비슷한 젊은이들에게 잠자리와 아침식사를 제공하면 좋겠다는 생각을 했고 곧 자신의 아파트에 침대 3개를 깔아놓고 그들에게 아침식사까지 제공했다.

말하자면 그의 비즈니스 모델이 특별한 것은 아니었다. 누구든 여유가 있는 공간을 내어놓은 사람과 잠자리가 필요한 사람을 엮어주는 서비스였다. 침대와 아침식사 제공, 그의 비즈니스는 이렇게 시작되었다. 그런데 결과는 대박이었다. 그 결과로 브라이언 체스키는 세계 최대 서비스 업체의 주인공이 되었다.

그의 사업 모델, 즉 호텔보다 저렴한 공간을 찾아주는 서비스는 분명 새로운 비즈니스였다. 이후 190개 국가 3만 개 이상의 도시에서 2백만여 개의 방을 제공하는 이 서비스는 상상이 현실이 된 비즈니스 모델인 셈이다.

이동 수단 정보를 연결하는 우버(Uber) 모델은 트래비스 칼라닉(Travis Kalanick)이 2009년 개인 운전자와 택시 서비스를 원하는 승객을 연결해 주는 모바일 앱 우버를 만들면서 시작되었다. 이 앱을 깔면 자신의 주변에 있는 우버 서비스를 하는 개인 운전자들의 위치가 지도 위에 나타나는데 이때 서비스를 신청하면 근처에 있는 운전자의 이름, 차종, 차량 번호 등을 알려준다. 이제 자기가 탈 곳과 가야할 목적지만 입력하면 되는데 목적지까지 얼마나 빨리 도착할지도 친절하게 알려준다.

현재 우버는 71개 국가 500여 개 도시에서 서비스를 제공하고 있다. 택시 서비스에 그치지 않고 택배 서비스도 시작하는 등 우버는 여전히 진화 중이다.

이렇듯 4차 산업혁명의 발전과 함께 이전에는 생각하지 못했던 새로운 비즈니스를 창출해낼 수 있다. 앞의 몇 가지 예에서 보듯이 문샷 싱킹, 즉 생각을 바꾸면 삶이 바뀔 수 있다. 어떤 생각을 하느냐에 따라 세상이 바뀌는데 이는 아는 만큼 보이고 보인 만큼 바꿀 수 있기 때문이다. 결국 우리가 세상을 바꾸는 것이 아니라 우리가 원하는 것을 선택하는 것이다.

하위 10%가 중산층 되려면 5세대 걸린다

우리나라에서 소득 하위 10% 가구에 속한 사람이 국민 전체 평균 소득을 버는 중산층이 되려면 다섯 세대 정도가 걸린다는 경제협력개발기구(OECD) 분석이 나왔다. 이 말은 현재 가난한 집의 자녀라면 손자의 증손자 세대에서야 중산층 지위로 올라갈 수 있다는 것인데, 이는 한 세대를 30년으로 보면 150여 년이 걸린다는 이야기가 된다.

OECD가 2018년 6월 발표한 '사회적 엘리베이터는 붕괴했는가?'라는 보고서에 따르면 2015년 기준으로 한국의 소득 하위 10% 계층에서 평균 소득의 중산층이 되기까지 걸리는 기간은 다섯 세대로 추정돼 조사 대상 24개 회원국 평균(4.5세대)을 웃돌았다. 미국과 영국

등이 우리와 비슷한 수준인 반면 덴마크(2세대), 노르웨이, 핀란드, 스웨덴(3세대) 등 북유럽 국가들이 가장 빨리 중산층이 될 수 있는 나라로 꼽혔다.

이때 중산층이란 소득이나 자산금액과 같은 객관적인 통계만으로 엄격하게 구분지을 수 있는 개념은 아니다. 물질적인 생활수준뿐만 아니라 개인의 주관적인 판단이 중산층이라는 의식 규정에 상당한 영향을 미친다. 서울대 사회과학연구소는 중산층에 대해 '사람답게 살고 있다는 의식과 이에 필요한 경제력을 구비한 계층'이라고 정의한 바 있다.

경제력뿐만 아니라 삶에 대한 주관적인 만족감이 중산층을 구분 짓는 핵심적인 기준인 것이다.

이 같은 기준으로 봤을 때 우리 사회에서 중산층 의식은 외환위기를 기점으로 급속하게 무너졌다. 그 결과 소득을 기준으로 했을 때 예전 같으면 중하층에 속해 있던 사람이라도 스스로를 중산층이라고 자부했는데, 요즘에는 남들이 보기에 중산층이 분명해 보이는 사람조차도 '나는 중산층이 아니다'라며 손사래를 치는 결과를 야기했다.

우리나라 가구의 월평균 소득은 305만 원이고 소득이 많은 사람 순으로 줄을 세웠을 때 한가운데 있는 사람의 월평균 소득은 267만 원이다. 이 정도 소득을 갖고 있다면 중산층으로 자부할 만한데도 우리의 현실은 그렇지가 못한 것이다.

외환위기 이후 기술·사무·관리직 등 우리 사회의 중산층으로 볼 수 있는 직장인들에 대한 대대적인 구조조정이 단행되면서 중간층 소득자들의 비중이 급격히 줄었다. 그러면서 '나도 언젠가 구조조정을 당할지 모른다'는 위기감이 팽배해졌고 미래에 대한 자신감도 줄었다.

이 같은 상황에서 부동산 가격의 양극화는 중산층 의식을 무너뜨리는 결정적인 계기가 되었다. 예컨대 종합부동산세를 낼 정도는 돼야 중상류층이라는 이야기가 공공연히 나오고 있다. 말하자면 공시가격 9억 원 이상의 아파트에 부과되는 종합부동산세는 우리 사회의 새로운 '계급장'으로 변질되고 있다. 그 결과 서울 강남으로 진입하는 것 자체가 거대한 벽이 되었다.

중산층 붕괴로 인한 양극화 심화

경제성장률이 저조한 것도 문제지만 더 심각한 것은 계층 고착화에 대한 위기감이다. 이는 평생 열심히 노력해도 사회·경제적 지위가 높아질 수 없다고 생각하는 좌절감이 우리 사회에 팽배해지고 있다는 것이다. 실제로 지난해 통계청의 의식 조사에 따르면 자신의 노력으로 사회적 지위가 높아질 수 있다고 생각한 가구주는 27.5%에 그친 반면 그럴 가능성이 없다고 대답한 비율은 절반에 가까운

46.7%였다. 이는 지역별 교육 격차와 빈부 격차 확대 등이 신분 상승에 대한 자신감을 떨어뜨리고 있는 반증이다.

이런 상황에서 오늘날 한국의 젊은이들의 미래를 바라보는 시각은 어떨까? 유감스럽게도 많은 젊은이들이 고실업과 낮은 임금, 불확실한 앞날 등으로 인해 빈곤하고 불안한 삶을 영위하면서 미래에 대한 희망을 갖지 못한다. 이들은 무기력을 일상적으로 경험하며 삶의 동기를 잃어간다. 그들은 '미래'라는 키워드를 격차 심화, 서열화, 소통 부재, 암울, 대립, 삭막 등의 부정적 의미로 받아들이고 있다. 그들에게 미래 사회는 오지 않으면 좋은 것이며 스스로 바꿀 수 없다고 믿는 것이다.

그 결과 능동적으로 무엇을 시작하기보다는 앞으로의 계획을 포기하는 것에 더 익숙해져 간다. 그런데 사실 우리나라만 그런 것도 아니다. 자본주의 경제의 글로벌화가 빨라지면서 중산층 붕괴로 인한 양극화는 세계적인 문제로 부각되고 있다. 그 결과 소득과 교육 등의 양극화가 전 세계로 확산되면서 '글로벌 개피털리즘'이라는 신조어까지 등장하고 있는데 개피털리즘(Gapitalism)은 'Gap(격차)'과 'Capitalism(자본주의)'의 합성어다.

이 같은 글로벌 개피털리즘의 주요 원인으로는 교육 양극화 등에 의한 부의 대물림, 기업의 경영 전략 전환 및 급격한 산업 환경 변화에 따른 고용 환경 악화, 소득 양극화가 세대로 이어지는 '부의 세습' 현상 등이 꼽힌다.

말하자면 부유한 부모는 자식을 고수입이 보장되는 전문직에서 일할 수 있도록 조기에 수준 있는 교육에 적극 투자함으로써 부(富)가 쉽게 세습되는 현상이 나타나고 있는 것이다.

OECD는 우리나라의 세대 간 소득 탄력성을 0.4로 추정했다. 이것은 부모 세대의 소득 격차가 두 배일 때 자녀 세대의 소득 격차는 1.4배라는 의미로 '부모 세대의 소득 차이가 40%쯤 자식 세대로 대물림된다'는 뜻이다. 우리나라는 세대 간 소득 탄력성 수준에서 분석 대상 26개국 중 16위로 OECD 평균(1.384배)과 비슷한 수준이다.

이유가 어떻든 가난의 대물림이나 부의 세습으로 인한 불균형은 공동체 전체로 봤을 때 심각한 현상임에 분명하다. 통계청 조사 수치에 의하면 '자녀 세대에 현재보다 사회적 지위를 더 높일 수 있다'고 답한 국민 비율은 지난 2009년 48.4%에서 2017년 30.6%로 대폭 줄었다. 사회 이동성에 대한 인식이 나빠지고 있는 것이다.

자본주의 사회는 '개인이 노력한 만큼 보답을 받는다'는 믿음이 작동할 때 가장 잘 돌아간다. 사회 이동성이 낮아지면 사회에 대한 비관과 불만이 커지게 된다. 그때는 '노력해 봤자 안 될 것'이라는 부정적 인식이 커지고 결국 사회 활력 저하로 이어지는 것이다.

사람들의 목표 중 하나는 돈을 많이 벌어 부자가 되는 것이다. 그것은 돈이 인생의 전부이기 때문이 아니라 돈이 없다면 그때부터 돈이 곧 인생의 전부가 되기 때문이다.

사회 이동성을 높여 개피털리즘을 극복하기 위해서는 여러 조건이 필요한데 특히 '큰 변화의 시기에 어떤 자세를 취하는가'가 매우 중요하다. 즉, 부자가 되기를 원한다면 '어떤 일에 어떻게 반응하는가'가 관건이 된다. 변화의 갈림길에 섰을 때 반응하는 자세에 따라 사람은 몇 가지 부류로 나눌 수 있다. 어떤 현상, 즉 혁신적인 기술과 발명품이 있다고 해도 그것을 모두가 받아들이는 것은 아니기 때문이다.

도전이 역사를 만든다

"당신은 찍기만 하세요. 나머지는 저희가 알아서 하겠습니다(You press the button, we do the rest)"라고 외치면서 누구나 쉽게 사진을 찍을 수 있게 했던 코닥을 기억하는가? 그런데 1975년 자사의 엔지니어였던 스티브 세손이 세계 최초로 디지털카메라를 만들어서 회사 경영진에게 보여주었을 때의 반응은 "아무에게도 말하지 말게"였다. 디지털카메라를 먼저 개발하고도 아날로그식 필름 카메라에 집착한 것이다. 그 결과 120년 넘게 필름과 필름 카메라 분야에서 선두 기업이었던 코닥은 2012년 파산이라는 비운을 맞는다.

이렇듯 어떤 일을 어떻게 받아들이는가는 중요하다. 지금까지와는 다른 상황, 즉 익숙하지 않은 현상에 직면했을 때 어떤 자세로 반응하느냐 하는 것은 곧 부자가 되는 분수령일 것이다.

마차 바퀴는 처음에는 나무로 되어 있었다. 그러나 나무는 너무 쉽게 닳았기 때문에 다음에는 쇠로 만들었다. 이번에는 쿠션이 없어서 엉덩이가 너무 아팠다. 그래서 쇠바퀴가 굴러가는 길바닥에 고무를 깔아보았더니 정말 편하고 좋았다. 문제는 그 넓고 긴 길바닥에 전부 고무를 까는 일이었다. 너무 많은 비용과 노동력이 소모되는 일이었기 때문이다. 그때 누군가가 제안했다.

"길바닥하고 바퀴를 서로 바꾸어 보면 어떨까?"

바퀴를 쇠로 만들 때나 바닥에 고무를 깔 때 '절대 불가능하다'고 했던 사람들이 이번에도 나섰다.

"에이, 그건 말도 안 돼. 단단한 쇠바퀴도 차의 무게를 견디기 힘든데 고무는 무거운 것을 올려놓기에는 너무 물렁물렁해서 적합하지 않아. 그건 절대로 불가능한 일이야!"

그러나 연구에 연구를 거듭해서 고무 속에 바람을 넣은 타이어를 개발해냄으로써 순식간에 고무 길바닥과 쇠바퀴가 바뀌게 되었다. 이후의 역사에서 바퀴가 사람들의 삶을 어떻게 바꾸었는지는 재론의 여지가 없다.

절대로 불가능하다고 생각하는 것, 그것이 곧 고정관념이다. 당연하지만 어떤 일을 할 때 자신이 현재 추구하는 방법보다 더 좋은 방법은 항상 있을 수 있다. 그러므로 열린 마음을 가지고 끊임없이 더 좋은 방법을 찾아야 한다.

역사를 공부하다 보면 '도전이 역사를 만든다'는 사실은 도처에서 확인할 수 있다. 칭기즈 칸의 어록에도 이런 내용이 있다.

"새로운 것에 대한 도전 없이 그 자리에 안주한다면 발전은커녕 현재의 위치조차 유지하기 어렵다. 내 자손들이 비단옷 입고 벽돌집에 사는 날 나의 제국은 멸망할 것이다."

매사에 앞서 나가고 같은 정보에도 부자가 되는 사람들을 관찰해 보면 그들은 변화를 빠르게 알아차리고 그것을 분석 및 연구하여 이용할 줄 안다. 자신의 삶을 더 쉽고 편리하게 만들어 주고 수입도 늘려주는 새로운 기술과 발명에 자신의 돈뿐만 아니라 시간과 열정을 투자하는 것을 두려워하지 않는다. 그들은 도전을 망설이지 않는다. 그들이 이렇게 대처하는 것은 야망이 있고 활동적이며 스스로 창조적인 특징을 가지기 때문이다. 또한 혁신적인 것에 마음을 열어두고 있기 때문에 자기 앞에 등장한 기회를 이용할 줄 아는 것이다. 한마디로 말해 변화를 이끌어 가는 사람들이다.

이렇게 변화를 선도하는 사람들이 과실을 가지는 것은 두말할 필요도 없다. 그러므로 어떤 새로운 것을 행하고자 한다면 이런 사람들과 함께해야 한다. 그러나 이미 알고 있겠지만 적극적이고 능동적이며 혁신적인 사람은 많지 않다.

미래에의 대응 방식에서
부자가 결정된다

전 세계적으로 볼 때 하루에도 수천 개의 특허가 특허청에 등록되고 있다. 그들 중 대부분은 사용되지 않을 것이고 일부는 작은 규모로 사용될 것이다. 실제로 만든 사람들에게 명성을 주고 투자자들에게 돈을 가져다주는 특허는 극소수에 지나지 않는다. 성공은 아이디어 그 자체의 가치 혹은 아이디어로 만들어진 물건 그리고 최종적인 결과가 아니라 대중에게 다가가는 방법과 규모에 대한 아이디어에 달려 있기 때문이다. 여기 소개하는 몇 가지 사례가 그 사실을 잘 보여준다.

맥도날드 햄버거는 세계화와 미국 자본의 힘을 상징한다. 오죽하면 전 세계적으로 가장 영향력이 있다는 언론인 토머스 프리드먼(Thomas Friedman)조차 "맥도날드 햄버거가 진출해 있는 나라들끼리는 전쟁을 하지 않는다"라고 말할까? 〈뉴욕타임스〉 칼럼니스트인 그는 세계화의 의미를 다룬 책《렉서스와 올리브나무》에서 그렇게 주장하면서 이를 맥도날드의 상징인 노란색 'M'자 조형물에 빗대어 '황금아치 평화론'이라고 불렀다.

맥도날드가 진출한 국가 간에 발생한 전쟁이 없었다는 그의 황금아치 평화론은 수없이 충돌했던 인도와 파키스탄마저도 각각 1996년과 1998년에 맥도날드가 입점한 뒤로는 충돌하지 않았다는 점에서 타당성이 충분해 보인다.

물론 맥도날드의 M자형 아치가 절대적인 마법의 힘을 지녔기 때문은 아니다. 맥도날드가 입점했다는 이야기는 세계를 향해 문을 열었다는 의미이고 또 그 나라에 미국의 자본이 침투했다는 뜻이다. 말하자면 맥도날드로 상징되는 세계화와 미국 자본의 힘이 그 나라의 안전을 보장한다는 주장인 셈이다.

그런 상징성을 가진 맥도날드 프랜차이즈를 만든 레이 크록(Ray Kroc)은 결코 햄버거나 빅맥을 만든 사람이 아니다. 처음 패스트푸드점인 맥도날드를 만든 창시자는 맥도날드 형제였으며 그들에게 납품을 하던 레이 크록은 단지 서두르는 미국인들의 특성상 패스트푸드가 꼭 필요할 거라고 생각했던 사람일뿐이었다.

그는 맥도날드를 프랜차이즈화시키는 데 관심을 보이지 않던 맥도날드 형제를 설득하다 지쳐 많은 빚을 내 그들로부터 요리 기술 및 메뉴얼 그리고 일체의 권리를 매입한다. 그리고 프랜차이즈화시켰고, 그 결과 오늘날 모든 미국인과 전 세계인이 애용하는 대표적인 패스트푸드인 맥도날드로 발전했다. 하지만 이 엄청난 비즈니스로부터 진정으로 돈을 번 사람이 누구인지를 기억하는 사람은 많지 않다.

맥도날드로부터 생기는 엄청난 이익이 메뉴 자체를 생각해낸 사람이 아니라 그 메뉴를 어떻게 팔아야 할지를 알았던 사람에게 돌아가고 있다는 사실 말이다.

맥도날드의 발전 단계는 어떤 것의 개발자와 그것을 이용해 돈을 번 사람은 다르다는 것을 극명하게 보여준다. 빌 게이츠 역시 컴퓨터 자체를 만든 것은 아니지만 컴퓨터를 만든 스티브 잡스나 스티브 워즈니악보다도 훨씬 더 많은 돈을 벌었다.

사람들은 빌 게이츠가 어떤 새로운 것을 생각해내는 대신 다른 사람의 아이디어를 베꼈다고 말하기도 한다. 그것이 어느 정도는 사실일지라도 그는 자신에게 주어진 기회를 간과하지 않았을 뿐이다. 누가 만들었든 컴퓨터의 가능성을 더 높게 평가하고 미래를 내다본 빌 게이츠는 세상에서 가장 유명하고 가장 확실한 부자가 되었다.

골드러시에서 직접 채굴에 참여한 광부보다 서비스를 제공한 사람이 더 많은 돈을 번 것처럼 어떤 큰 흐름에서 아이디어를 찾는 사람에게 더 큰 부가가치가 주어지는 것이다. 예컨대 빌 게이츠가 컴퓨터를 만들어낸 사람이 아닌 것처럼 아서 캔들러는 코카콜라를 만들어낸 사람이 아니며 레이 크록 역시 빅맥의 요리법을 창안한 사람이 아니었다. 그들은 빌 게이츠와 마찬가지로 자신에게 주어진 기회를 간과하지 않았을 뿐이다.

부자가 될 기회는 의외의 곳에 있다

세계적인 체인점인 켄터키 후라이드 치킨(KFC)과 창업주인 커넬 샌더스(Colonel H. Sanders)의 이야기는 많이 알려져 있다. 그는 자신의 본명보다 '샌더스 대령'으로 더 유명하다. 가정 형편이 어려워 힘겹게 초등학교를 졸업한 후에 대장장이, 철도 소방원, 직업군인, 보험 외판원, 유람선 종업원 등을 전전했고 29살에 주유소를 차렸지만 마침 불어닥친 대공황으로 쫄딱 망했다.

39살에는 주유소 한 귀퉁이에 식당을 차려 돈을 제법 모았지만 4년 만에 불이 나서 그마저도 다 잃었다. 다시 식당을 열어 25년 동안 성실하게 일했지만 64살이 되었을 때 갑자기 고속도로가 생기면서 손님이 뚝 끊겨 파산 지경에 이르렀다. 그는 연금을 받아야 겨우 생활할 수 있는 처지로 전락했다.

그러나 그는 이번에도 절망하지 않았다. 남들 같으면 인생을 마무리할 60대 중반의 나이에 제2의 인생을 다시 설계했다. 식당을 경영하며 고안한 특별한 닭튀김 기술을 이용해서 프랜차이즈를 만들고자 한 것이다. 그는 압력 조리기를 실은 고물차를 운전하며 투자자를 찾아 전국을 헤맸다. 만나는 사람마다 일흔을 바라보는 노인의 제안에 코웃음만 쳤다. 그렇게 1,008번의 거절을 당한 후 1,009번째에 그는 투자자를 만난다. KFC는 그렇게 탄생되었다.

1,009번째 만에 첫 투자자를 만났다는 이야기는 1,008번의 절망과 자존심이 구겨지는 참담한 경험이 있었다는 이야기가 된다. 거절을 당하고 나올 때마다 그는 쓴 눈물을 삼켰을 것이다. 자신의 꿈을 이야기했지만 그것이 비웃음으로 되돌아왔을 때의 모멸감과 허탈감이 그를 지치게 하고 극심한 절망감에 빠뜨렸을 것이다. 그러나 그는

무너지지 않았고 끝까지 포기하지 않았다. 그리고 마침내 1,009번째 만에 꿈을 이룰 수 있는 기회를 잡은 것이다.

이 사례에서 중요한 것은 이것이다. 샌더스 대령이 65세의 나이에 독특한 후라이드 치킨 요리법을 공개했다는 점이다. 그는 오랫동안 작은 식당을 경영하며 닭을 요리하던 요리사였다. 경력이 풍부했으며 사람들이 그의 치킨을 먹어보고 정말 맛있다고 칭찬했을 것이다.

그러나 칭찬이 어떤 명성이나 부를 이루는 데는 하등 도움이 되지 않았다. 이윽고 그가 치킨을 유통하는 방식을 바꾸었을 때 비로소 미국 전역뿐만 아니라 전 세계에서 돈을 벌 수 있었다.

미국을 대표하는 브랜드, 나아가 자본주의의 상징쯤 되는 코카콜라의 발전 스토리도 맥락은 같다. 애틀랜타의 한 약국 점원이었던 아서 캔들러(Asa Candler)는 코카콜라 제조법을 자신이 직접 발명한 게 아니었다. 1888년 캔들러는 조지아 주에 사는 나이든 약제사 존 펨버턴에게 현금으로 1,750달러를 지불하고 코카콜라에 대한 독점권을 구입했다. 그것은 한 잔에 5센트씩 하던 당시의 음료수 가격에 비해 상당히 비싼 편이라고 할 수 있다. 더구나 그 돈은 당시 36살이었던 젊은 아서 캔들러에게는 전 재산이었다.

늙은 약제사는 낡은 주전자와 막대기 그리고 제조 공식이 적힌 종이가 1,750달러에 팔린 것에 대해 크게 기뻐했다. 점원은 점원대로 자신의 모든 재산을 털어 그것을 마련한 데 대해 기뻐했다. 하지만 그때는 설마 그 낡은 주전자가 황금알을 낳는 거위가 되리라고는 꿈에도 생각지 못했다. 왜냐하면 점원이 구입한 것은 하나의 아이디어에 불과했기 때문이다. 그 주전자로부터 황금이 흘러넘치게 하는 것은 앞으로 그가 해야 할 일이었다.

그런데 그는 왜 당시에는 파격적으로 여겨지는 그런 거래를 그토록 대담하게 할 수 있었던 것일까? 그는 콜라의 가능성을 내다보았고 미국 전역에서 그것이 선풍적인 인기를 끌게 될 것임을 알았던 것이다. 그의 무모해 보이는 거래로 인해 오늘날 코카콜라는 전 세계적으로 가장 유명한 브랜드이자 엄청난 가치를 지닌 결과로 돌아온다. 진짜 중요한 것은 이것이다.

아서 캔들러가 코카콜라 제조법을 만든 게 아니다. 중요한 것은 그가 그것이 얼마나 큰 대가로 돌아올지를 알았다는 것이다. 마치 골드러시에서 샘 브래넌이나 리바이 스트라우스처럼 남들이 보지 못했던 기회를 알아본 것이다.

최근의 인터넷 억만장자들, 가령 제프 베조스나 마윈 같은 사람들이 인터넷이나 월드와이드웹 자체를 만든 것은 아니다. 그들은 사회의 변화를 조용히 응시하다가 기회를 봤고 거기에 자신의 생각을 보태서 엄청난 돈을 벌었다. 변화의 소용돌이 속에서 자신의 삶을 변화시켜야 할 때를 정확히 간파했던 것이다.

그밖에도 기회를 잘 이용하여 성공한 사례는 우리 주위에서 얼마든지 찾아볼 수 있다. 빌 게이츠는 비록 컴퓨터를 만든 것은 아니지만 그 가능성을 높게 평가하고 미래를 내다봄으로써 세상에서 가장 유명하고 확실한 부자가 되었다. 이들이 부자가 된 과정을 잘 관찰해 보면 골드러시의 부자들과 별반 차이가 없다.

4차 산업혁명도 이와 다르지 않다. 의외의 곳에 부자가 될 기회가 있다는 점에서 말이다. 따라서 우리 역시 다양한 분야의 발전에 활발하게 참여하고 적절한 이익을 얻을 수 있는 개념, 방법, 기술 시스템을 받아들이고 창조하는 데 시간과 열정과 노력을 집중해야 한다. 그 기회를 충분히 활용하여 돈을 버는 것만이 4차 산업혁명기에 부자가 되는 길이다.

5장

"핫스폿 타이밍에 적절히 대응하라"

역사적인 세기의 강도 사건으로 기록되어 있는 '대열차 강도 사건'은 1963년 로니 빅스(Ronnie Biggs)와 공범 15명이 신호기를 조작해 런던행 우편열차를 멈추게 하고 360만 파운드, 현재 시세로 약 1천억 원 가치의 현금이 든 자루 125개를 강탈한 사건이다.

1963년 8월 8일 영국 런던 북부 브리드고브리지 근처를 달리던 '글래스고-런던 왕립 우편열차'가 무장 강도들에게 털렸다. 헬멧과 스키 마스크를 쓰고 장갑을 낀 강도들은 공범자 2명의 도움을 받아 범행을 저질렀다. 이때 2명의 공범자는 기밀인 열차 시간표를 알려준 익명의 내부 인물과 농장에 은신처를 제공해 준 사람이었다.

강도들은 녹색 철로 신호를 끄고 전지로 빨간 신호를 켜 열차를 세웠다. 그러자 열차의 기관 조수가 영문을 알아보러 나갔다가 붙잡혔으며 기관사는 머리를 얻어맞고 심한 부상을 입었다. 강도들은 훔친

돈을 나눈 다음 은신처를 불태우고 흩어졌으나 뒤처리가 불완전해 경찰의 추적을 받고 12명이 붙잡혀 유죄 선고를 받았다(이들의 형기는 모두 13년 이하였다).

이 강도단의 우두머리로 체포된 로니 빅스는 주범이라는 괘씸죄까지 걸려 무려 30년 형을 선고받았다. 그러나 가혹한 선고와 감시에 불만을 가진 그는 수감 15개월 후인 1965년 7월 탈옥했고 성형수술을 한 후 영국을 떠나 유럽 각지를 숨어 다녔다. 그는 오스트레일리아로 도피한 뒤 도망자 생활을 하다가 1970년 브라질에 정착했다. 그곳에서 결혼을 하고 가정도 꾸렸으며 자녀도 낳았다.

재미있는 것은 브라질은 비록 범죄자라고 할지라도 현지인과 결혼해 자녀를 둔 경우 추방을 면해주는 법이 있었다. 결국 로니 빅스는 브라질 법에 따라 강제 송환을 피할 수 있었고 그곳에서 자신의 명성을 이용해 부를 축적하며 여유롭게 살았다. 사람들은 당연히 그가 브라질에서 생의 마지막을 보낼 거라고 생각했다.

그러나 사건 후 38년이 지난 2001년 그는 돌연 런던 경시청 앞으로 이메일 한 통을 보냈는데 거기에는 런던으로 돌아가 자수하겠다는 내용이 담겨 있었다. 그는 자수하는 이유에 대해 간단하지만 이렇게 밝혔다.

"내 고향 리버풀에 있는 선술집에서 어릴 때 즐겨 마셨던 시원한 맥주 한 잔을 마시는 게 마지막 소원입니다."

그는 약속대로 이미 늙어 버린 71살의 노구를 이끌고 스스로 런던의 교도소로 향했다. 그동안 자유의 몸으로 살다 영국에 자발적으로 귀국했고 바로 투옥된 것이다. 말하자면 로니 빅스는 부유한 삶보다 고향에서 마시는 맥주 한 잔이 더 소중하다는 사실을 깨닫기까지 40여 년의 세월이 걸렸던 것이다. 그는 40여 년이 지나서도 변하지 않을 가치를 찾아온 것이다.

누구든 어떤 조직이든 소중한 가치를 지향하는 것은 중요하다. 예컨대 조직을 이끄는 경영자가 지향하는 핵심가치와 현재 상태가 얼마나 부합하는지 살펴보는 것은 매우 진지한 작업이다. 이를 통해서 조직의 습관을 정비하고 버려야 할 습관과 새롭게 가져야 할 습관이 무엇인지 정리해 볼 수 있다. 그 과정에서 소중한 가치를 공유하게 된다.

열풍(붐)의 진원에는 모멘텀이 있다

핫스폿(Hot Spot) 현상은 고객의 욕구와 그 욕구를 충족시키려는 기업의 움직임이 만들어낸 교집합 영역으로 시장이 들끓는 곳을 의미한다. 욕망과 욕망이 부딪히는 핫스폿의 움직임을 가장 명확하게 볼 수 있었던 때라면 19세기의 골드러시와 함께 2000년 초 미국 샌프란시스코만 지역에서 일었던 '닷컴 열풍'을 꼽을 수 있다.

끝없이 이어질 것만 같던 닷컴 열풍은 IT기업 위기설이 퍼지면서 일순간에 추락한다. 당시 대표적 IT기업인 인텔의 시가총액은 단 하루 만에 908억 달러(약 102조 원, 22.03%), 마이크로소프트(MS)는 800억 달러(약 90조 원, 14.47%)가 증발했다. 이렇게 버블이 한순간에 무너져 내리면서 대량 해고 사태, 투자 실패에 따른 강물 투신, 회사 매각 등이 이어졌다. 결국 당시의 인터넷 열풍은 많은 IT기업과 투자자, 개인을 순식간에 구름 위로 들어올렸다가 땅으로 패대기쳤던 것이다.

이때도 역시 모두가 실의에 빠졌던 것은 아니다. 다른 사람들이 버블로 인해 고통받을 때도 돈을 벌고 혜택을 본 집단은 따로 있었다. 열풍 속으로 직접 뛰어든 투자자들이 깡통을 차고 벼랑 끝으로 내몰리는 사이에 돈을 번 사람은 의외로 건물주와 땅 주인이었다.

많은 사람이 몰려들어 돈과 노동력은 그다지 부족하지 않았지만 제한된 주거지와 사무실로 주택 가격은 두 배로 뛰었다. 당시의 열풍이 얼마나 거세었는지를 보여주는 사례가 있다. 닷컴 열풍 때문에 미국의 대학에서 교칙을 바꾸기로 한 것이다. 캠퍼스에 닷컴기업 창업 열풍이 불면서 하버드 대학에서는 기숙사 안에서 학생들이 돈 버는 일을 해서는 안 된다는 기존의 규정을 완화하기로 했다.

당시의 〈뉴스위크〉 보도에 의하면 하버드 대학은 기숙사 입주생들의 닷컴기업 창업 사례가 잇따르자 더이상 이를 막는 것이 의미가 없다고 보고 캠퍼스 내 사업 금지 규정을 완화하는 조처를 취했다는 것이다. 학자금을 마련하기 위해서 하는 어느 정도의 상업적 활동은 허용한 것이다. 학생들이 공부와 사업을 양립시킬 수 있게 된 것인데 물론 둘 사이에 균형을 맞추는 것은 별개로 하고 말이다. 그 결과로 마이크로소프트를 창업한 빌 게이츠처럼 학생들의 벤처 열기는 붐을 타게 된다.

이런 닷컴 열풍의 기억은 멀리 갈 것 없이 국내에도 여러 사례가 있다. 자본주의 꽃이라는 주식시장에서는 사람들의 탐욕과 공포에 의해 붐과 파동이 반복해 나타나는데 국내에서는 대표적인 것이 바로 1999년의 코스닥 열풍과 곧이어 닥친 닷컴기업의 붕괴다. 이때 붐을 타고 등장한 기업들의 주가가 천정부지로 치솟았다가 날개 없이 추락한 것이다.

코스닥 시장은 1996년 7월 중소기업과 벤처기업을 육성하기 위해 개설됐다. 그리고 정보통신과 벤처 붐을 타고 급성장함으로써 주가가 상승하고 투자자들이 흥분하는 시점에서 모두가 매수를 외치게 된 것이다. 이때의 주역으로는 지금도 코스닥 열풍에 대해 이야기할 때 빠지지 않는 '새롬기술'이라는 기업을 꼽을 수 있다.

다이얼패드로 미국 인터넷전화 사업에 진출하는 것이 호재로 작용해 이 회사의 주가는 1999년 8월 13일 1,075원에서 2000년 1월 4일에는 13만 5,000원까지 올랐다. 채 다섯 달도 안 돼 주가가 126배가 올랐다는 이야기인데 결국 한때 17만 9,000원까지 올랐던 이 회사의 주가는 불과 1년 후인 2000년 12월에 5,500원으로 곤두박질친다.

이때도 역시 언론과 전문가라는 사람들은 코스닥 지수가 곧 30,000이 간다고 거품 형성에 일조했고, 그런 전망에 부응하듯 새롬기술은 시가총액이 재계 7위에 오른다. 당시 신문에는 '9월에 주당 7,000원에 1억 원어치의 새롬기술 주식을 산 한 노총각이 12월에 26억 원의 주식 부자가 되었다'고 미담처럼 소개하기도 했다.

그 결과 사업 내용에 관계없이 종목 이름에 '닷컴'만 들어가면 매일 상한가를 기록하기도 했다. 눈앞에서 돈이 날아다니는 광경에 평범한 월급쟁이나 주부 가릴 것 없이 '닷컴'이나 '인터넷' 자가 붙은 벤처기업에 투자하려 조바심을 냈다. 하지만 투자자 대부분은 그 뒤 1~2년 만에 빈털터리가 되었다. 그 결과 '양주로 샤워를 하겠다'는 꿈은 물거품이 되고 말았다.

대박의 꿈은 누구나 꿀 수 있다

이후 닷컴 거품의 붕괴로 찾아온 혼란을 막기 위해 사상 유례가 없는 저금리 시대가 열린다. 당시 미국 중앙은행인 연준이 금리를 거의 제로 수준으로 내린 것을 비롯해 세계 각국은 금리를 낮추고 돈을 푸는 방법으로 인터넷 거품의 후유증을 치료하려 애썼다. 덕분에 한동안 성장세가 회복되고 물가도 안정된 '골디락스(Goldilocks)' 신경제가 찾아오는 듯했다.

그러나 이는 부동산 쪽의 거품을 키우는 결과로 돌아온다. 이윽고 2008년에 곪아터진 거품은 미국과 유럽에서는 '서브프라임 모기지 거품'이었지만 한국에서는 부동산보다는 '해외 펀드'의 거품 붕괴 충격이 더 강했다.

외환위기로 평생직장도 사라지고 앞날이 불투명해지자 '돈 없으면 죽겠다'는 위기감이 든 사람들은 너도나도 재테크에 매달리기 시작했다. 마침 등장한 로버트 기요사키의 책《부자 아빠 가난한 아빠》에서 비롯된 '부자 아빠' 신드롬과 광고 문구 '부자 되세요'로 상징되는 재테크 열풍은 펀드 투자로 이어졌다. 이때는 집집마다 적립식 펀드 하나 들지 않은 집이 없을 정도였다.

2003년 말에 19만 좌에 불과하던 주식펀드 계좌가 4년 뒤인 2007년 말에는 171만 계좌로 늘고, 주식펀드 수탁액도 10배가 훨씬 넘게 늘어난다. 미래에셋은 '적립식'이라는 상품을 토대로 이런 투자의 흐름을 한발 앞서 이끌면서 2007년 여름에 이르러서는 전체 주식펀드 수탁고의 34%를 보유할 정도로 커져 '금융 권력'으로 불리게 된다.

이때의 자신감을 바탕으로 미래에셋은 해외 펀드, 그중에서도 중국 펀드에 집중한다. '오마하의 현인'이라는 워런 버핏 같은 사람도 과열을 경고하며 중국에서 발을 빼던 2007년 하반기에도 중국에 대한 확신을 버리지 않고 투자를 밀어붙였다. 하지만 이듬해 터진 글로벌 금융위기로 2008년 말에는 원금의 절반 이상이 날아간 것을 확인하게 된다. 결국 2008년 한 해에만 펀드 투자자들은 해외 펀드에서 35조 원, 국내 펀드에서 29조 원을 날렸다.

> 모든 거품의 생성에는 어떤 모멘텀이 존재한다. 기술의 발달이 인간 생활의 사회·경제적 원리를 근본적으로 바꿀 것이라는 비전과 결합할 때 투기는 휘발유를 끼얹은 것처럼 타오르는 것이다. 골드러시나 닷컴 열풍에서 경험한 것처럼 말이다.

대박의 꿈은 누구나 꿀 수 있다. '장밋빛 미래'를 향한 꿈을 갖지 않은 사람은 없다. 자신은 열풍의 한복판에서 타이밍을 잘 맞출 수 있고 대박의 주인공이 될 수 있다는 희망을 갖는다. 하지만 결과는 그 희망처럼 끝나지 않는다. 비극은 핫스폿이 붕괴되어 열풍 자체가 가라앉으면서 숱한 기업들이 종국에는 분해되어 버리고 투자자들 역시 빈털터리가 되는 것이다.

직접 핫스폿에 뛰어든 투자자들이 깡통을 차고 벼랑 끝으로 내몰리는 사이 그 핫스폿 주위에서 돈을 번 사람들은 따로 있다. 이런 현상은 골드러시나 닷컴 열풍 같은 핫스폿의 전 과정에서 동일한 패턴을 보인다. 다른 것이 있다면 황금과 인터넷으로 대상이 다를 뿐이다. 이것으로 유추해 볼 때 4차 산업혁명 역시 같은 과정을 걸을 것이 분명하다. 미리 철저히 준비하고 있어야만 핫스폿의 주인공이 될 수 있다는 점 역시 같다.

본질에 집중하고
전략적으로 행동하라

부자가 되기 위해서나 성공적인 비즈니스 결과를 위해서는 열정과 목표가 밑바탕이 되어야 한다. 그래서 사람들은 열심히 일을 한다. 그런데 그렇게 밤낮으로 열심히 일하는 사람들이 전부 부자가 되었을까? 그렇지 않다. 열심히 하는 것과 부자가 되는 것은 별로 상관관계가 없다. 그렇다면 더 중요한 것은 무엇일까? 그것은 바로 전략이다. 말하자면 노력보다 선택이 중요하고, 전략은 이런 덕목들보다도 더 상위의 개념인 것이다.

성공적인 리더, 특히 4차 산업혁명 시대 리더의 통찰력은 아마도 '본질'과 '전략'이라는 두 단어에 의해 빛나지 않을까? 예컨대 부자가 되고 성공하는 것도 '열심히'가 아니라 '전략적으로' 해야 하는 시대가 된 것이다.

스티브 잡스는 자기가 만든 회사로부터 해고당한 후 절치부심(切齒腐心) 끝에 다시 애플로 복귀한다. 그 뒤에 아이폰이라는 신개념의 제품을 세상에 선보임으로써 천재성을 유감없이 발휘한다. 그런데 스마트폰은 휴대전화의 업그레이드 버전일까? 아니면 휴대전화를 뛰어넘는 전혀 새로운 차원의 것일까?

스티브 잡스에게 스마트폰의 본질(本質)은 전화가 아닌 전혀 다른 차원의 똑똑한 기계다. 말하자면 전화 기능이 핵심이라기보다는 전화 기능도 되는 '똑똑한 기계'가 그 본질이었다. 다른 경쟁사들이 핸드폰의 통화 품질과 디자인, 그립(grip)감 혹은 통화의 편리성을 고민할 때 스티브 잡스는 완전히 다른 각도에서 융합과 복합을 통해 새로운 개념을 창조했던 것이다. 그의 고민과 상상력이 본질 자체를 바꾼 것이다. 4차 산업혁명 시대를 살아가는 우리에게도 꼭 필요한 덕목임이 분명하다.

무슨 일이든지 더 잘할 수 있는 방법은 분명히 있다. 어떤 일을 반복적으로 하고 있다면 그 프로세스에서 반드시 개선점을 찾아낼 수 있다. 말하자면 혁신을 하고 정말 자신이 잘할 수 있는 일에 집중하는 것이 '4차 산업혁명'이라는 격변기에 걸맞는 생존 방정식인 것이다.

이건희 회장은 1993년 '신경영'이라는 이름의 대혁신을 단행했다. 전 세계 기업사에 유례가 없는 혁명적인 발상과 실천이었다. 이때 그는 하루 최장 16시간, 연간으로 총 350시간에 이르는 릴레이 강연을 펼쳤다. 그때 부르짖은 게 "변해라, 바로 여러분 자신을 위해 변해라, 변하지 않으면 죽는다"는 것이었다.

그때 그는 누구보다도 절박하고 격정적이고 애국적이었으며 '황제경영'과는 거리가 멀었다. 당시, 즉 1993년 2월 미국 로스앤젤레스 (LA) 회의에서 했던 열변의 한 토막은 다음과 같다.

"내 재산을 늘리기 위해 이렇게 떠드는 것이 아니다. 재산이 10배 더 늘어봐야 내게는 별 의미가 없다. 여러분이 잘되게, 회사가 잘되게, 나라가 잘되게, 여러분의 자손이 잘되게 하기 위해서다. 우리나라는 과학기술에 대한 몽매 때문에 역사의 낙오자로 오랫동안 수모를 받아왔다. 삼성이 주체적 기업의식, 주인의식, 민족의식을 갖지 않으면 안 된다……."

그러면서 그는 '우리가 잘할 수 있는 일에 집중하자'고 호소했다. 그의 나이 51세 때였다. 꼭 이건희 회장의 언급이 아니라도 인간은 스스로 지속적으로 변하면서 또 끊임없이 세상을 변화시킨다. 더구나 4차 산업혁명 시대 같은 혁명기에는 변화에도 잘 적응해야 한다. 그 변화에 적응하지 못하면 낙오자가 되고 무너지고 마는 것이다. 지금 같은 격변기에 일어날 수 있는 아주 위험한 현상이며 이는 우리 사회에서도 역시 마찬가지다.

과거에는 시간이 중시되고 시간이 지배하는 시대였다. 모든 것이 과거, 현재, 미래의 순서로 흘러갔고 변화마저도 그런 순서로 이루어졌다. 말하자면 예전에는 과거, 현재, 미래라는 직선형으로 연결되는 인생이었기에 삶의 예측이 가능했으며 열심히 일하면 성공할 수 있는 시대였다.

그러나 지금의 삶은 점점 더 복잡해지고 다원적이면서 예측이 힘들어졌다. 세상이 복잡해지고 다원화되고 있다면 당연히 사람들의 생각도 바뀌어야 한다. 계속 옛날 생각만으로 살아가고 있다면 이 변화무쌍한 시대의 흐름을 따라잡기는 정말 힘들어진다.

현재는 예상하지 못했던 온갖 것들이 동시에 발생함으로써 시간의 질서 기능이 무력화된 시대다. 이런 시대에는 융합형의 사고를 하는 인재가 두각을 나타낸다. 더구나 4차 산업혁명 시대에는 이런 면이 더욱 심화될 것이다.

본질에서 숨겨진 답을 찾아라

경험으로 보면 모든 혁신은 말도 안 되는 생각에서부터 시작된다. 그리고 융합의 힘은 바로 그 말도 안 되는 몇 가지를 묶는 것인데 그 중에서도 주목할 것은 바로 이종 간의 융합이다.

예컨대 항공과 조선이 합쳐져서 만들어진 수륙 양용 비행기, 금융과 모바일이 합쳐져서 등장한 페이(Pay) 등이 있다. 즉, 카카오톡에서 사용하는 카카오페이, 제로페이, 인스타페이, 중국 알리바바의 알리페이를 비롯해 페이스북, 구글 등의 금융 상품이 핸드폰 속으로 들어가고 있는 것이다.

물류와 IT가 합쳐져서 스마트 물류가 나오고, 의류와 IT가 합쳐져

웨어러블 디바이스(입는 컴퓨터)가 나오고 있다. 여기에서 그치지 않고 심지어 가정에서 사용하는 냉장고, TV, 그 외 가전기구 등 모든 곳에서 IT와 이종 결합이 되면서 사물인터넷이 등장하고 있다. 말하자면 이종 간의 결합 전성시대쯤 되는 것이다. 이처럼 4차 산업혁명은 모든 것이 말도 안 되는 생각에서부터 시작되고 있다.

그러나 어떤 변화도 본질을 벗어날 수는 없다. '본질'이라는 측면에서 보면 '하늘을 나는 펭귄'으로 유명한 아사히야마 동물원에 대한 이야기는 시사하는 바가 크다. 이곳은 1967년에 일본 동물원 가운데 가장 추운 곳인 홋카이도에 세워진 동물원으로서 춥기도 하거니와 오르막도 많고 접근성도 떨어지는 곳이었다.

개원 초기에는 그럭저럭 손님이 들었지만 테마파크라는 새로운 놀이문화가 유행하면서 점점 관람객이 감소하기 시작했고, 급기야 1996년에는 시의회에서 동물원 폐쇄를 검토하기에 이르렀다. 문을 닫을 위기에 몰린 동물원의 사육사를 비롯한 직원들은 동물 복장을 하고 길거리 홍보도 하고 직접 학교로 아이들을 찾아가기도 했지만 사람들은 반응은 시큰둥하기만 했다.

고민 끝에 동물원 원장과 직원들은 원점으로 돌아가 고민하기 시작했다. 그들은 '과연 동물원의 존재 이유는 무엇인가?'를 화두로 삼고 그 답을 찾았다. 그 결과 '동물원은 생명의 경이로움을 통해 시민들에게 즐거움을 주는 공간이다'라는 결론에 이르게 된다. 결국 우리

한쪽 구석에 웅크리고 앉아서 졸고 있는 동물로는 더이상 사람들에게 만족을 가져다줄 수 없다는 사실을 깨닫고 동물이 가진 본래의 야생성을 최대한 보여줄 수 있는 방법을 강구하기 시작했다.

동물원 원장과 직원들은 연구와 토론을 통해 '행동을 전시'한다는 구체적인 전략을 세웠고 마침내 동물들의 행동을 가까이에서 관찰할 수 있는 특수한 동물원의 설계도를 만들어냈다.

몇 가지만 살펴보면, 동물에게 직접 먹이를 주고 만져볼 수 있는 '어린이 목장', 원숭이의 이빨을 관찰할 수 있게 관찰용 창에 꿀을 발라놓은 '원숭이 산', 야행성 동물의 행동을 관찰하는 '밤의 동물원', 천정에 수족관을 만들어 머리 위에서 헤엄치는 펭귄을 관찰할 수 있는 '하늘을 나는 펭귄' 등을 만들어낸다. 이런 멈추지 않는 창조적인 아이디어가 계속해서 동물원에 변신을 일으키고 있으며 지금은 명실상부한 일본을 대표하는 동물원이 되었다.

관람객이 해마다 줄어들어 폐쇄 직전까지 갔던 아사히야마 동물원이 드디어 일본 최고의 도쿄 우에노 동물원을 앞서게 된 것이다. 이런 결과는 동물은 동물대로 관람객은 관람객대로 행복하고 즐거운 공간을 제공함으로써 가능했다. 동물원의 본질을 동물들이 마음껏 뛰놀면서 자신의 능력을 보여주고, 관람객들은 진짜 동물의 세계를 눈앞에서 보며 즐거움과 신비로움을 체험할 수 있는 것으로 정의하면서 멋지게 성공할 수 있었다. 이것은 곁가지가 아닌 오직 본질에 집중함으로써 숨겨진 답을 찾은 사례로 볼 수 있다.

이렇듯 경영을 잘하는 것이나 그 결과물인 부자가 되는 것도 '열심히'보다는 '전략적으로' 접근해야 하는 시대가 되었다. 결국 4차 산업혁명 시대가 진행될수록 성공적인 리더의 통찰력을 발휘하기 위해서는 '본질'과 '전략'이라는 측면에서 접근해야 하는 것이다. 지금부터 본질(本質)에 집중하기 위한 구체적인 방법에 대해 살펴보자.

1. 아이템 종류를 줄여서 단순화하라

어떤 일이든 성공적인 결과를 원한다면 가장 먼저 해야 할 일은 불필요한 것을 없애고 복잡한 과정을 생략해 단순하게 하는 것이다.

2018년 8월 뉴욕 증시에서 애플은 상장 회사로는 최초로 시가총액 1조 달러에 도달했다. 브랜드 가치 1위에 이어 엄청난 기록을 이어간 것이다. 이런 애플과 동의어로 여겨지는 인물이 바로 스티브 잡스다. 파란만장하게도 그는 자신이 설립한 회사에서 자신이 영입한 사장에 의해 쫓겨났다가 애플이 망해갈 즈음 다시 복귀했다.

스티브 잡스가 회사에 복귀한 뒤 맨 처음 시도한 것은 새로운 제품을 추가하는 것이 아니라 이미 있었던 제품군에서 불필요한 제품을 제거하는 일이었다. 백화점처럼 수십 개에 달하던 애플 제품을 단 네

가지(전문가용, 일반인용, 최고 사양, 적정 사양)로 분류 압축했다. 그 결과 다 죽어가던 회사를 살려낼 수 있었다.

불필요한 기능을 하나하나 제거하고 단순화시킨 결과 다 망해가던 애플은 어느덧 시가총액 세계 1위 기업이 되었고 혁신의 아이콘이 된 것이다. 흔히 '애플' 하면 '단순성(simplicity)'이 떠오르고, 그 단순성은 다시 '집중(focus)'과 맥이 닿는데 이것이 곧 스티브 잡스의 철학이기도 하다.

단순화함으로써 집중할 수 있다

칭기즈 칸은 역사상 가장 넓은 영토, 즉 해가 뜨는 곳에서 해가 지는 곳까지의 대제국을 건설했다. 그런데 그는 출신 성분을 따지지 않고 오직 능력만을 보고 인물을 썼던 것으로도 유명하다. 그런 칭기즈 칸에게 최고의 참모는 야율초재였다.

칭기즈 칸이 피정복민 출신의 젊은 지식인에 불과했던 야율초재를 그토록 신임했던 이유는 천문, 지리, 수학, 불교, 도교 할 것 없이 당대 모든 학문을 두루 섭렵한 그의 탁월한 식견 때문이었다. 말하자면 칭기즈 칸은 하늘과 땅, 인간 그리고 세상 만물의 이치를 꿰뚫어봤던 야율초재를 정말로 아껴 평생을 자기 곁에 머물게 했던 것이다.

야율초재의 조언에 따라 칭기즈 칸이 대제국을 경영하는 데 지침으로 삼고 평생을 지키려고 노력했던 경영 원칙이 있다. 그것은 16자의 짧은 글이었다.

'하나의 이익을 얻는 것이 하나의 해를 제거함만 못하고, 하나의 일을 만드는 것이 하나의 일을 없애는 것만 못하다(與一利不若除一害, 生一事 不若滅一事).'

말하자면 이 짧은 가르침이 까닥하면 자만에 빠질 수도 있는 칭기즈 칸이 중심을 잃지 않도록 해준 큰 가르침이 되었던 것이다. 물론 16자의 짧은 글 그 자체로는 간결하고 쉬운 듯하다. 하지만 동서고금의 깊은 깨달음은 간결하므로 시대를 관통할 수 있는 것이다. 이런 야율초재의 가르침은 몇백 년이 흐른 뒤에 우리 시대의 칭기즈 칸쯤 되는 스티브 잡스에 의해 애플이라는 대제국으로 재현되었다.

애플 부활의 신호탄을 쏜 것은 아이팟이었다. 아이팟은 스티브 잡스와 디자인 총괄 수석 부사장인 조너선 아이브의 '단순화'라는 혁신이 만든 대표작이다. 수많은 MP3 중에 또 하나의 복잡한 기기쯤으로 끝날 수도 있었던 아이팟은 잡스의 철학과 아이브의 손을 거치며 이후 모든 모바일 디바이스들이 벤치마킹하는 상징이 되었다.

많은 소비자들이 처음 아이팟을 손에 넣고는 전원 버튼이 없어 당황했다고 한다. 아무 버튼이나 누르면 기기가 켜지고 사용하지 않으면 잠시 뒤 자동으로 꺼지게 만든 아이디어였다. 이른바 '혁신'을 한 것이다.

알려진 대로 애플은 MP3를 처음 만든 선발 주자가 아니었다. 후발 주자였던 애플이 수많은 경쟁자를 제치고 세계 최고의 자리를 차지할 수 있었던 것은 이렇게 단순하고 깔끔하고 철저하게 핵심에 집중하는 제품을 만들어냈기 때문이다. 조너선 아이브의 이야기처럼 단순함과 집중이 애플을 만든 것이다.

"우리의 목표는 단순한 제품입니다. 여타의 다른 방식으로는 상상할 수도 없을 정도로 단순한 제품 말입니다. 제대로 된 디자인이라면 사용자를 더 가까이 끌어당겨 제품에 더욱 집중하게 만들지요."

애플만이 아니라 다른 일에서도 이치는 같다. 자기가 취급하거나 판매하고 있는 상품 또는 메뉴의 종류가 많다는 것은 곧 전문성이 없다는 뜻과 같다. 전문성이 없다는 것은 누구나 할 수 있는 일이라는 뜻이며 그것은 치열한 경쟁을 할 수밖에 없다는 의미이기도 하다. 아울러 그것은 보통 잘하지 않고는 고객에게 큰 만족을 주지 못한다는 것이고 이런 상태에서는 당연히 충성고객은 만들어지지 않는다. 결국 아이템 종류가 많다는 것은 고객을 망설이게 한다는 뜻이고, 선택을 망설이는 고객은 발걸음을 돌릴 수도 있다.

주변의 잘되는 식당을 보면 답이 명확해진다. 가령 어느 지역이든지 정말 잘되는 음식점 한두 곳이 있게 마련이다. 어지간한 중소기업 부럽지 않게 돈을 긁어모으는 그런 식당들의 특징은 예외 없이 취급 메뉴가 한 개나 두 개 혹은 세 개를 넘지 않는다.

사업을 단순화하되 전문화하라

사람들의 부러움을 받으면서 돈을 긁어모으는 식당들, 예컨대 냉면, 비빔국수, 칼국수, 곰탕, 갈비탕 등등은 단일 메뉴인 것이 특징이다. 저자가 즐겨 찾는 두 곳의 식당도 메뉴는 닭칼국수와 냉콩국수, 된장 칼국수와 된장 수제비로 단순한데 버는 돈은 어지간한 기업 부럽지 않다. 말하자면 단순화하되 전문화한 곳이다.

메뉴의 종류가 많다는 것은 무엇보다 그 많은 것을 준비하느라고 힘들어진다는 뜻이 된다. 더구나 상대적으로 판매량이 낮은 메뉴라면 보관 비용을 고려할 때 별로 남는 장사는 아니다. 하물며 그것이 식품이라고 한다면 구입한 지 오래된 식자재로 음식을 제공할 경우 고객의 만족도는 급격히 떨어지고 재구매 가능성 또한 낮아진다.

그뿐만이 아니다. 혹시라도 신선도라든가 여러 가지 이유로 불리한 소문까지 퍼진다면 감당하기 어려워진다. 불만을 표현하는 한 명의 고객 뒤에는 불만을 표현하지 않는 수십, 수백 명의 고객이 있다. 이들은 어느 순간 안티가 되고 소리 없이 떠나게 된다. 그래서 메뉴가 다양한 식당은 반드시 망하게 되어 있다.

혹시 지금까지 식당을 이렇게 경영해 왔다면 이제 전략을 바꿀 필요가 있다. 예컨대 취급하는 메뉴를 한두 가지 혹은 세 가지로 줄인다면 순이익은 증가할 수밖에 없다. 제공하는 메뉴를 줄이면 한정된 메뉴에 더 집중할 수 있어서 품질이 향상되며, 게다가 단일 품목의 대량 구입을 통해 원가가 절감되고 마진율 또한 높일 수 있기 때문이다. 이제 업무는 매우 단순화, 전문화될 것이다.

이렇듯 단순화해야 하는 이유는 넘쳐난다. 현대인의 결정력 장애는 전 세계적인 추세다. 가령 '점심식사는 무엇으로 할까?' 하고 점심 메뉴를 고르는 것조차 힘들어하는 직장인이 많다. 단순화와 전문화는 이들을 구제할 수 있다. 말하자면 신념을 가지고 사업 경영을 하게 된다는 의미다.

돈을 벌고 부자가 되고자 한다면 우선 할 일이 경쟁시장에서 벗어나는 것이다. 경쟁시장에서 팔던 아이템의 수와 규모를 줄여 나가면서 궁극적으로는 주력 제품에 집중하는 것이다.

그리고 그 전문지식을 활용하여 새로운 방향을 모색하고 자신만의 브랜드를 창출해야 한다. 세일즈맨이라면 취급 품목을 줄여서 마진이 높은 단일 품목에 집중하고, 전문직이라면 그 능력으로 특화된 새로운 분야에 관심을 가지고 집중해야 한다. 설령 전문직이라 해도 4차 산업혁명 시대에는 새로운 세상을 맞이할 준비를 해야 한다. 아직도 전문직이라는 이름 아래 모든 것을 맡겨두고 힘닿는 데까지 벌어보겠다고 버티고 있다면 처량해진다. 그동안 고수해 왔던 방식을 버리고 전략을 바꿔야 한다.

가령 변호사라면 상속·증여 관련 분야, 이혼 분야 등으로 특화된 전문 변호사가 되어야 한다. 세무사 역시 마찬가지이며, 의사라면 가령 손가락 관절염 전문 의사, 비만관리 전문 의사 등등으로 어떤 일을 하든지 간에 제공하는 상품 및 서비스의 종류를 줄여 전문화되어야 한다.

이런 작업을 통해 고객에게 진심으로 전하고 싶은 자기만의 가치를 만들어야 한다. 그리고 고객에게 새로운 가치를 제공함으로써 전문화된 충실한 서비스를 해야 한다. 이렇게 자기 분야의 전문가가 되면 아이템도 가격도 혹은 고객마저도 자기가 정할 수 있다. 어떤 고객을 대상으로 할 것인지, 어떤 가치를 지닌 상품을 제공할 것인지 또는 얼마에 팔 것인지를 정할 수 있는 것이다. 이렇게 본질에 집중하기 위해서 첫 번째 해야 할 일은 아이템 종류를 줄이고 사업 모델을 단순화하는 것이다.

2. 모방하든 창조하든 품질을 높여라

고품질은 비즈니스의 핵심이며 본질이라고 할 수 있다. 그러나 품질을 월등히 좋게 하는 것은 말처럼 쉬운 일이 아니다. 다행스러운 것은 '하늘 아래 전혀 새로운 창조는 없다'는 사실이다. 흔히 '모방은 창조의 어머니'라는 표현을 많이 쓴다. 또 모방의 가치를 나타내는 표현으로 '유(有)에서 유(有)를 창조해낸다'는 말도 있는데, 결국 '하늘 아래 창조는 없다'는 말과 같은 의미로서 모방이 혁신보다 뛰어난 기술임을 의미한다.

예술을 언급하면서 폴 고갱은 '예술은 표절이거나 혁명이다(Art is either plagiarism or revolution)'라고 했다. 지금처럼 창조가 중시되는 4차 산업혁명 시대에는 이 말의 의미가 더욱 크게 다가온다.

아이러니하게도 '창조'와 '모방'은 완전히 상반되는 단어지만 오늘날에는 이 두 단어를 융합하는 능력이 성공을 좌우한다고 해도 과언이 아니다. 말하자면 모방을 하든 창조를 하든 '품질을 높여 충성고객을 만드는 것'이 곧 이 시대 경영자의 자세다.

애플의 예에서도 보듯 실리콘밸리는 아이디어를 공유하고 경쟁사 제품을 베끼는 데 매우 뛰어나다. 아이디어의 '공유'와 '모방'은 실리콘밸리가 미국 기술 산업계에 가장 거대한 이익을 제공하는 방식이기도 하다.

실례로 스티브 잡스는 아이패드가 애플의 노트북 판매를 감소시키지 않을지, 아이폰의 음악 플레이어가 아이팟 구매를 줄이진 않을지 걱정하지 않았다. 경쟁사들이 애플의 디자인을 모방하는 동안에도 애플은 더 빠르게 앞으로 움직였다. 그렇다. 일반적으로 대부분의 기업은 경쟁자를 물리치는 일에 집중함으로써 자기의 시장을 넓히고자 한다. 하지만 다음의 예처럼 반대의 경우도 있다.

차별화와 함께 상대와 같아지려고 노력한다

코카콜라와 펩시콜라라는 두 세계적인 기업의 경쟁은 다른 기업 간의 경쟁과는 조금 다른 양상을 보인다. 마치 톰과 제리처럼 서로를 바짝 뒤쫓으며 술래잡기를 하지만 절대 너무 멀리 뒤떨어지지 않는다. 그 결과 한 회사가 앞서가면 다른 회사가 바짝 그 뒤를 추격하지만 절대 상대 회사에 대해 치명적인 타격을 가하지는 않는 것이다.

그렇게 두 회사는 오랜 기간 어느 한쪽의 승리보다는 위대한 기업이 되기 위해 서로를 자극한 결과 진짜 위대한 회사가 되었다. 예컨대 코카콜라가 혁신을 하면 펩시가 모방을 하고, 펩시가 혁신을 하면 반대로 코카콜라가 모방하면서 발전해 갔던 것이다. 신제품이나 새로운 유통 채널을 개발하는 등의 방법으로 서로는 '차별화'를 시도하지만 동시에 상대방과 같아지려고 노력하고 있다.

더 구체적으로 그들의 모방과 혁신에 대한 사례를 살펴보자. 코카콜라가 1980년부터 설탕 대신 가격이 더 낮고 과당이 더 높은 옥수수 시럽을 사용하자 펩시 역시 3년 후에 이를 뒤따랐다. 다시 펩시가 1984년 2l 짜리 병을 도입하자 코카콜라도 4개월 후에 뒤를 따랐다.

또한 한쪽에서 무 카페인의 이점을 강조하는 성공적인 광고 캠페인을 실행하자 상대방도 무 카페인 제품을 출시했다. 1988년 당시 펩시의 CEO였던 로저 엔리코는 이런 일련의 과정에 대해 이렇게 말하고 있다.

"경영은 피를 흘리지 않는 지속적인 전투로 보아야 한다. 가령 코카콜라가 없었다면 펩시는 독창적이고 활기찬 경쟁자가 되기 어려웠을 것이다. 그들이 성공을 거둘수록 우리는 더 기민해져야 한다. 코카콜라가 없었다면 우리는 누군가가 그런 회사를 만들어 주기를 바랐을 것이다."

평소에 스티브 잡스는 피카소가 말한 '유능한 예술가는 모방하고 위대한 예술가는 훔친다(Good artist copy, Great artist steal)'는 말을 자주 인용했다. 그 말처럼 스티브 잡스는 전혀 새로운 것을 만들어내지 않았다. 단지 서로 다른 사물과 현상을 연결했을 뿐이다.

삼성전자도 애플과 크게 다르지 않다. 사실 한국은 오랫동안 '모방 국가(copycat nation)'로 알려져 왔다. 가전제품을 비롯한 소비재 대부분이 미국이나 일본의 저가 모조품들이었기 때문이다. 그러나 삼성전자는 아이폰을 모방했지만 특색이나 기능 면에서 아이폰을 뛰어넘는 제품을 만들어냈다. 그 결과 애플은 삼성전자가 자사 제품을 베꼈다며 고발했으며 삼성전자의 성장 속도를 늦추기 위해 소송을 제기하기도 했다.

하지만 실리콘밸리에서는 모두가 가장 뛰어난 모방꾼들이기 때문에 경쟁사를 모방꾼으로 고소하는 것은 앞뒤가 맞지 않는 처사다. '유능한 예술가는 모방하고 위대한 예술가는 훔친다'는 말을 인용하며 자신의 행위를 정당화했고, 특히 '우리는 항상 위대한 생각들을 훔치는 것에 대해 부끄러워하지 않았다'고 말해왔던 스티브 잡스가 삼성전자에 소송을 제기한 것은 참으로 아이러니한 사실이다.

어쨌든 스티브 잡스의 창의력은 창조한 것이 아니라 다양한 아이디어를 조합하는 방식, 즉 조합 능력에서 나온 것이다. 이것은 다양한 지혜를 모아 창의적인 아이디어를 완성했다는 것인데 역사의 산물인 예술과 인류를 이해하는 인문학에의 관심이 스티브 잡스에게 보이지 않는 창의력을 전해주었다는 대목과 맥이 닿는다. 그는 자신의 입장을 이렇게 이야기한다.

"인류가 지금까지 만들어 놓은 것들 중에서 최고의 것을 발견해내고 그것을 자신이 하고 있는 일에 접목시킬 줄 아는 지혜가 필요하다. 우리는 훌륭한 아이디어를 훔치는 일에 더욱 과감해져야 한다."

이런 언급으로 본다면 스티브 잡스의 창의력은 '무(無)에서 유(有)를 창조하는 것'이 아니라 서로 '관계없는 것들을 연결시키는 능력'이라는 설명이 가능하다. 결국 조합은 곧 새로운 창조물을 만들어낸다는 의미로 잡스가 없었어도 다른 누군가가 아이폰을 만들어냈을 거라는 추론이 가능하게 한다.

지금 이야기하려는 요지는 이것이다. 한 분야에서 세계 일등이 되기 위해서는 창조든 훔치든(모방) M&A를 하든 품질을 최고로 만들어야 한다. 그런 측면에서 짝퉁을 만드는 수준에서 어느덧 세계 정상급 회사로 성장하고 있는 중국 기업들, 그중에서도 텐센트의 마화텅 회장의 이야기는 경청할 만하다.

"우리가 외국 모델을 모방한 건 사실이다. 하지만 남들이 고양이를 보고 고양이를 그릴 때 우리는 고양이를 본떠 호랑이를 그렸다."

그의 당당함을 따로 거론할 것도 없이 서비스든 제품이든 모든 아이템의 고(高) 품질은 누군가의 불편함을 해소하거나 누군가에게 꼭 필요한 것을 제공하기 위한 아이디어를 찾는 과정에서부터 출발한다. 그 뒤에 솔루션을 찾는 과정에서는 모방과 창조를 반드시 구분할 필요가 없을 것이다. 특히 4차 산업혁명 시대에는 이 점이 더 심화될 것이다. 4차 산업혁명 시대에 성공하는 제품의 조건을 몇 가지로 나눠서 살펴보자.

❶ 대체 불가능한 특별한 제품을 제공하라

창의력 개발도 식상한 시대다. 다르게 생각하는 사람이 필요한 세상이 왔다. 결국 모방을 하든 창조를 하든 품질을 높여 비교 불가의 경쟁력 있는 제품 혹은 사업 방식 등을 준비해야만 생존할 수 있다. 두말할 필요 없이 품질 향상은 사업의 핵심에 충실한 결과다. 말하자면 핵심가치에 충실해야 하는 것이다.

그렇다면 당신 사업의 본질 혹은 핵심가치는 무엇인가? 사업이 교육 분야라면 특별한 콘텐츠나 교사의 탁월한 역량에 가치를 둘 수 있을 것이다. 식당이라면 핵심가치를 어디에 두어야 할지 고민해야 한다. 맛이든 건강이든 모양이든 가격이든 당신의 사업은 당신이 정한 방향으로 가치가 정해져야 한다는 뜻이다. 그런 연후에야 비교 불가의 경쟁력 있는 제품이나 사업 방식을 제공할 수 있다.

❷ 서비스를 줄이고 품질을 높여라

자기 사업에서 지나치게 많은 서비스를 제공하고 있다면 그것은 품질에 자신이 없다는 뜻이다. 많은 서비스를 제공함으로써 낮은 품질을 만회해 보겠다는 생각을 가졌다면 그런 생각은 빨리 버려야 한다. 품질에 자신이 없다면 품질 향상에 집중하라.

많은 서비스를 제공한다는 것은 업무가 많아진다는 것이며 비용이 증가한다는 뜻이기도 하다. 그러므로 일을 줄이기 위해서는 서비스를 줄여야 하며, 서비스를 줄이기 위해서는 품질을 올려야 한다. 이때 품질을 높이는 것은 원가를 올리는 것이 아니라 가치를 입히는 것이다. 이렇게 절약된 비용은 다시 품질 향상에 써야 한다.

만약 식당을 운영하고자 한다면 우선 할 일은 메뉴를 자신 있고 마진율이 높은 메뉴, 일이 편하거나 테이블 회전율이 높은 메뉴 한두 가지로 줄이는 것이다. 그리고 반찬의 수를 줄이고 주력 메뉴의 품질, 즉 맛에 집중해야 한다. 잘되는 곳은 모두 그렇게 한다. 본질적인 가치인 더 좋은 맛을 유지하는 데 집중하는 것이다.

❸ 주력 제품의 경쟁력 향상에 집중하라

부자들의 소비 습관에 관해 공부하는 것은 경쟁력 향상에 도움이 된다. 왜냐하면 부자들은 필요한 것이 있으면 하나를 사도 비싸고 좋은 것을 사기 때문이다. 이는 전문화가 지향하는 바와 그들의 소비 패턴이 같기 때문이다.

대개 식당을 운영하는 사람은 어느 한 가지 메뉴를 시도해 본 후 잘되지 않으면 메뉴, 위치, 인테리어 등을 탓하며 다른 메뉴를 올려본다. 물론 그것도 잘될 리가 없다. 그런 일이 반복되면 메뉴 종류는 늘어나지만 무엇 하나 제대로 맛이 나는 것이 없다.

무엇이 잘못된 것일까? 잘되지 않는 이유를 자신에게서 찾는 게 아니라 다른 곳에서 찾기 때문이다. 하나의 일에도 혼을 바쳐야 하는데 그렇게 할 줄을 도통 모르기 때문에 어려워진다. 어떻게 일을 해야 잘할 수 있는지를 연구하는 것이 아니라 일의 종류만 따지는 태도를 견지하면서 잘될 것을 바라는 게 오히려 이상하다. 무엇을 하든 장인

정신을 가지고 해야 하는데 그런 사람을 찾아보기란 정말 어렵다.

다른 일(직업)도 식당의 메뉴와 별반 다르지 않다. 음식을 팔든 유무형의 상품을 팔든 고객이 필요하고 만족할 만한 특별한 가치를 제공하면 된다. 그것이 맛이든 가격이든 간편함이든 불편함의 해소든 상관없다. 하나의 제품에 집중하여 경쟁력을 갖추면 많은 서비스는 필요하지 않다. 예컨대 취급하는 상품이 품질이 우수하다는 것은 경쟁 상대들보다 확연히 돋보인다는 뜻이다. 이는 더 비싸게 받을 수 있다는 뜻이기도 하다.

지금 제공하고 있는 서비스에 가치를 입히고 품질을 높여 불필요한 서비스를 모두 없애든지 고객에게 직접 시키든지 하라. 경쟁력 강화, 즉 가치와 품질을 높이면 사업은 한결 가벼워질 것이다. 동시에 영업을 위해 찾아가는 것이 아니라 찾아오게 한다. 이를 위해서는 서비스의 종류를 단일화해 품질을 향상시킬 필요가 있다. 주력 상품에 집중하는 것이다.

지금 비즈니스의 전략적인 접근을 위해 모방이든 창조든 품질을 높이는 것이 중요하다는 것을 설명했다. 이것이 바로 본질(本質)에 집중하기 위해 해야 할 두 번째 일이다.

3. 제대로 된 가치로 비싸게 팔아라

우리가 살아가는 자본주의 사회는 무언가를 계속 팔아야 한다. 그러기 위해서는 욕망과 필요를 계속적으로 부추길 수 있는 자극이 필요하고 그 자극에 따라 많은 사람이 상품을 구매해 주어야만 한다.

자본주의 사회는 누군가 상품과 서비스를 끊임없이 만들고 그것을 끊임없이 구매해야 하는 체제로 형성되어 있다. 이렇게 누군가가 만들고 또 누군가는 그것을 사야 하는 체제에서 상품의 가격이 비싸다는 것은 품질에 자신이 있다는 뜻이다. 앞의 설명처럼 종류를 단일화해서 품질을 높였다면 비싸게 팔려야 하는 것은 너무도 당연하다.

다음은 2018년 9월 중소기업중앙회가 펴낸 '중소기업 혁신 성공 사례'에 등장한 동아알미늄사의 이야기다.

"저희가 신제품을 내놓으면 세계적인 아웃도어 회사들이 독점 공급해 달라고 줄을 섭니다."

이 회사는 글로벌 고급 텐트 폴(pole) 시장의 90%를 점유하고 있는 회사로서 2017년 매출 272억 원 중 86.0%가 해외에서 나왔다고 한다. 동아알루미늄사의 경쟁력은 타사 제품 대비 강도가 뛰어나면서 무게는 30% 줄어든 합금 소재에서 나온다. 이 회사의 대표는 인터뷰에서 성공 요인을 다음과 같이 말했다.

"얼마나 싸게 생산해서 이익을 많이 낼지가 아니라 어떻게 최고의 제품을 만들지 끊임없이 되물은 결과입니다."

당연한 이야기다. 제대로 된 사업이라면 가격 경쟁으로 출혈을 감수하는 것이 아니라 최고의 제품을 만들어 제값을 받아야 하는 것이다. 물론 이때 자기의 제품이나 서비스가 특별한 것임을 고객이 인지하도록 하는 것이 중요하다. 그를 위해서는 스스로 자신이 판매하는 상품의 가치에 대해 확신을 가져야 한다. 즉, 자기의 고객에게 다른 무엇보다 뛰어난 가치를 제공한다고 말할 수 있어야 한다.

말하자면 고객이 만족할 만한 가치를 부여해야 하며 그런 연후에 제 가격을 책정하고 고(高) 가격을 준수해야 한다는 것이다. 무턱대고 원가를 높이라는 것이 아니라 가치를 높여 적정한 가격을 책정하라는 의미다.

대개의 경우 제품의 가격을 생산 원가를 기준으로 책정하는 어리석은 판단을 한다. 제품의 원가에 마진을 붙여서 판매한 후에 점점 마진을 줄여 나가다가 역마진이라는 늪에 빠지는 경우가 많다. 흔히 앞으로 남고 뒤로 밑진다는 말은 그렇게 해서 생겨났다. 하지만 제품의 가치에 기준을 두어 가격을 책정하게 되면 이런 문제는 해결된다.

예컨대 당신이 제공하는 상품이 고객의 가려운 부분을 얼마나 만족하게 긁어주는가에 초점을 맞추는 것이다. 명품은 원가가 비싸서 비싼 것이 아니다. 제품이 비싸다는 것은 그것의 가치를 알아보는 품격 있는 고객을 만난다는 뜻이다. 가격을 문제 삼는 고객은 대부분 저가 상품을 사는 고객이다.

고객의 80%는 비싸도 구매한다

우리에게는 소비자는 무조건 싼 것을 좋아한다고 생각하거나 싸게 팔아야 된다는 고정관념이 있다. 그러나 그런 생각을 빨리 버릴수록 사업 성공에 가까워진다. 물론 백화점이나 오픈마켓에서도 세일 시즌 또는 세일 상품에 많은 사람이 몰리고 구매하는 것을 보면 '고객들은 역시 싼값을 원하고 있지 않을까?'라고 생각할 수 있다.

맞는 말이기도 하다. 하지만 모든 사람에게 해당되는 이야기는 아니다. 정말로 절약하려는 사람도 있을 것이지만 애초에 싼 가격 따위에는 아예 관심조차 없는 사람도 많다.

사람들은 리미티드 에디션(limited edition) 혹은 한정판으로 출시된 제품에 열광한다. 같은 내용물일지라도 더 비싼 값을 치르고 소유하고 싶어 하는 것이다.

예컨대 한 끼 식사에 수십만 원을 쓰고 고가 와인을 수집하는 등 본인의 관심사에 아낌없이 투자하는 '취향 소비'가 20~30대 젊은 층에서 트렌드로 부상하고 있다. 이들은 미식이나 희귀품 수집 등 자신의 만족감을 채우는 데는 선뜻 지갑을 열지만 나머지 비용에 대해서는 오히려 좀스러울 만큼 절약하는 특징도 아울러 갖고 있다. 옷은 9,900원짜리 유니클로를 사 입어도 국내에서 맛보기 힘든 음식을 찾아 외국으로 비싼 미식 여행을 떠나는 사람도 많다.

파레토의 '2대 8의 법칙'은 매출의 80%를 차지하는 고객은 20%에 불과하다고 설명한다. 중요한 것은 당신의 고객은 싼 가격을 찾는 사람이 아니라 비싼 가격이라도 기꺼이 구매하는 사람이 되어야 하는 것이다.

흔히 마케팅에서 언급하는 '2·6·2 법칙'은 소비자의 유형을 상위 20%는 세일 제품에는 관심도 없는 층, 하위 20%는 세일 제품만 사는 층, 나머지 중간의 60%는 세일 제품과 정가 제품을 모두 사는 층으로 나눈다. 이 60%의 사람을 어떻게 잘 유치하느냐가 고객 유치 마케팅의 핵심이 된다. 이들은 세일 제품, 정가 제품 가리지 않고 어느 쪽으로든 이동할 수 있는 부류이기 때문이다.

결과적으로 마케팅에서 타깃으로 삼아야 하는 층은 상위 20%와 중간 60%를 합한 80%의 사람이다. 이렇게 되면 고객 유치의 타깃은 상위 20%만이 아니라 그 4배인 80%가 되기 때문에 대상 범위가 훨씬 넓어진다. 파레토 법칙에 의해 80%의 고객을 포기하는 것이 아니라 반대로 80%가 대상이 되는 것이다.

이것은 고객 관리에 있어서도 도움이 된다. 가령 세일 제품만 구입하는 하위 20%의 사람은 싼 가격에만 관심이 있으며 더 악성은 이들은 보통 고객들보다 몇 배나 더 요구사항이 까다로운 사람들이라는 점이다. 말하자면 5,000원짜리를 구입하면서 5만 원 이상의 것을 요구하는 부류의 사람들이다.

그런데 정말 신기하게도 이들은 2억 원짜리 집을 사면서 1백만 원 정도의 가격에는 둔감하지만 시장에서 2,000원짜리 배추를 구입하면서는 100원에도 매우 민감해하는 특성이 있다. 그러므로 차라리 이들은 과감히 포기하는 편이 현명하다. 그렇게 함으로써 하위층 사람들의 무리한 요구나 불만 해결에 드는 시간과 정신적 에너지를 줄일 수 있고, 결과적으로 비용 절감 효과를 얻을 수 있다.

가격이 아니라 가치로 승부하라

앞에서 본 것처럼 타깃으로 하는 80% 고객에게는 제품 가치만 제대로 알린다면 비싸도 구매한다는 사실을 알았다. 그리고 비싸도 구매한다는 것은 결국 가치를 높여 비싸게 팔아야 하는 이유를 설명하는 것이다. 요즘 소비자들은 아무리 비싸더라도 자기가 원하는 것이라면 장기 할부로든 생활비를 쪼개서든 구매하기 때문이다.

소비자는 늘 싼 것만 찾는 것이 아니다. 새로운 즐길 거리를 제공하고 가치 있는 상품 개발에 노력을 기울인다면 비싸더라도 기꺼이 구매한다.

그렇다면 '돈이 없다'는 말은 사실 '가치를 느끼는 것은 비싸게 구매하겠지만 그렇지 않은 것은 싸게 구입하겠다'라는 말과 동의어라고 할 수 있다. 그런 이유로 명품 브랜드가 인기를 얻고 있는 한편으로는 다이소와 같은 저가 생활용품점이 성황을 누리는 양극화 현상이 두드러지는 것이다. 이는 소비자에게 특별한 가치를 느끼게 할 수 있느냐 없느냐에 따라 기업의 성패가 달려 있다는 말과 같다.

이런 소비자의 구매 패턴 변화에 대해 잘 알고 적절하게 대비해야만 현명한 사업가라는 점은 두말할 필요가 없다. 따라서 확실한 고객에게 확실하게 가치를 제공할 수 있는 능력도 없는데 무턱대고 사업을 시작하거나 지속하는 것은 대단히 위험하기 짝이 없다고 할 수 있다. 말하자면 가격으로 승부하지 말고 가치로 승부하면 치열한 가격 경쟁에서 얼마든지 벗어날 수 있다는 것이다. 결국 사업의 본질은 '제대로 된 가치를 제공하고 비싸게 파는 것'이다.

4. 핵심가치를 핵심 습관으로 삼아라

자기가 조종하던 여객기가 추락할 수도 있는 절체절명의 위기에서 무사히 비상 착륙시킴으로써 승객 148명의 목숨을 구한 여자 비행기 조종사인 태미 조 슐츠(Tammie Jo Shul)가 미국에서 영웅으로 떠올랐다.

2018년 4월 18일 뉴욕을 떠나 댈러스로 향하던 사우스웨스트 항공의 보잉 737기 좌측 엔진이 3만 2,500피트(약 10㎞) 상공에서 폭발했다. 조각난 엔진 파편이 창문을 깨뜨리면서 기내 기압이 급강하해 비행기는 추락할 위기에 처했다. 자칫 대형 참사로 이어질 수 있는 위급 상황이었지만 조종사인 슐츠의 침착한 대응으로 승객 149명 중 1명을 제외한 148명이 무사히 구출될 수 있었다.

비행 중 엔진 폭발로 인한 위급 상황에서 코앞으로 떨어진 산소 마스크를 보고 사태를 직감한 승객들은 공포에 질렸다. 엎친 데 덮친 격으로 엔진이 폭발할 때 기체에 뚫린 틈새로 승객 1명이 빨려 나갈 뻔하면서 비행기 안은 금세 아수라장으로 변했다.

이렇게 기체가 흔들리고 부상자가 발생하는 위급 상황에서도 슐츠는 평정을 유지한 채 지체 없이 기수를 인근 필라델피아 공항으로 돌려 비상 착륙을 시도했다. 그녀는 당시 상황을 정확하게 관제탑에 전달하고 의료 지원을 요청한 뒤 비행기를 안전하게 착륙시켰다. 비상 착륙 직후에는 조종석에서 기내로 나와 승객들의 안전을 일일이 챙기기까지 했다.

당시 슐츠의 대처를 담은 교신 내용과 기내 촬영 영상이 언론에 공개되면서 슐츠는 단숨에 미국의 영웅으로 떠올랐다. 교신 녹음 파일에는 슐츠가 전혀 동요의 기색 없는 목소리로 "기체 일부가 소실됐다. 속도를 줄이겠다. 기체에 구멍이 났고 사람이 기체 밖으로 빨려 나갔다고 한다. 탑승자 중 부상자가 있으니 활주로에 도달하면 응급 의료진을 보내줄 수 있는가?"라고 전하는 내용이 담겼다. 그의 침착한 설명에 오히려 관제탑 측이 놀라 상황을 되물었다고 한다.

무사히 착륙한 후 승객들은 SNS상에서 슐츠에게 감사를 표했다. 페이스북에 슐츠의 사진을 올리면서 "슐츠는 진정한 미국의 영웅이다. 위급한 상황에서도 결단력, 지식, 지도, 용기를 발휘해 준 것에 감사를 전한다"고 했으며, 어떤 이는 인스타그램에 파열된 엔진 사진을 올리며 "슐츠의 대처는 놀라웠다. 신이 우리를 지키기 위해 천사를 보냈다"고 감사를 표하기도 했다.

비상 상황을 맞아 엔진 폭발로 기체가 흔들리고 부상자가 발생하는 긴급을 요하는 상황에서도 그녀는 평정심을 유지한 채 망설임 없이 기수를 인근 공항으로 돌려 비상 착륙을 시도했다. 그녀는 비행기와 승객들의 목숨을 책임진 조종사가 어떤 태도를 가져야 하는가를 정확히 알고 있었던 것이다. 그리고 그 핵심적인 가치를 평소의 훈련으로 자신에게 체화되도록 했던 것이다.

영웅은 그냥 만들어지는 것이 아니라 자신이 해야 할 일에 대한 가치를 알고 그것을 평소에 핵심적인 습관으로 만들어 온 결과로 만들어진다.

어떤 일을 하든 '어떤 습관을 가졌는가'는 중요하다. 왜냐하면 그

습관이 그(그 일)의 정체성을 규정하기 때문이다. 예컨대 군인은 상관에 대해서는 습관적으로 거수경례를 해야 하며, 사람을 만나는 일이 주요한 업무인 비즈니스맨은 악수하는 습관에 익숙해져야 한다. 누군가를 지도하는 코치라면 당연히 질문을 하는 것이 습관이 되어야 한다.

같은 논리로 요리사는 늘 손을 씻는 습관을 가져야 하며, 교인은 성경을 읽고 일요일이면 교회에 가는 것을 핵심 습관으로 해야 한다. 그런 핵심 습관이 그를 기독교인답게 만들어 주는 것이다. 이렇게 '어떤 습관을 가졌는가' 하는 것은 그 사람의 정체성의 표현이다. 나아가 핵심적인 가치에 익숙해짐으로써 엄청난 결과를 만들어낸 많은 사례들을 살펴보는 것은 큰 의미가 있을 것이다.

알코아의 24시간 보고 체계

1888년에 피츠버그에서 설립된 세계 최대 규모의 알루미늄 생산 회사인 알코아(Alcoa)는 1980년대 초 극심한 노사 갈등을 겪었다. 그 후 새로 취임한 CEO 폴 오닐(O'Neill)은 노동조합의 요구조건 대부분을 들어주면서 한 가지만을 요구했다. 그것은 바로 직원의 안전을 위한 24시간 이내 보고 체계였다. 직원의 안전은 경영자인 자신에게 매우 중요한 문제이므로 전 세계 어디에서든 안전사고가 발생하면 24시간 이내에 최고 경영자에게 보고를 해달라는 요구였다. 이것만큼은 양보할 수 없다고 했다.

노조로부터 큰 이견 없이 받아들여진 이 요구는 그 후 알코아의 경영 혁신 중에서도 가장 중요한 역할을 하게 된다. 전 세계에서 24시간 이내 보고 체계가 정립되었다. 빠른 보고를 위해 본사와 각 공장 간의 의사소통이 활발해지고 그 채널은 결국 경영진의 철학과 가치가 전달되는 결정적인 역할을 하게 된다. 물론 현장에서 발생한 위험 요소를 제거하기 위해서 즉각적인 조치를 취하는 것을 잊지 않았으므로 재해율이 감소하고 안전율이 증가했다. 더불어 본사와 소통을 잘한 관리자들이 회사로부터 좋은 평가를 받고 승진하는 과정을 보여주었다.

결국 이 회사는 강력한 중앙집권적인 경영으로 위기를 극복하고 폴오닐이 재직하는 기간 동안 순이익이 5배나 상승하기에 이른다. 보고 체계를 정비하고 습관화함으로써 또한 그것을 핵심가치로 자리매김함으로써 엄청난 혜택을 본 것이다.

엘리베이터의 거울

1853년 미국에서 고층 빌딩 열풍이 붐에 따라 엘리베이터를 개발한 오티스사는 엄청난 매출을 올리게 되었다. 그러나 늘어가는 매출과 병행하여 계속되는 고객들의 불만은 오티스사를 당혹스럽게 만들었다. 당시 오티스가 개발한 엘리베이터는 오늘날과는 비교할 수 없을 정도로 속도가 느렸는데 많은 고객이 이러한 엘리베이터의 속도에 불만을 나타낸 것이다. 하지만 속도를 향상시키는 일은 보다 높은 기술력을 필요로 하는 일인 만큼 단시간에 해결하기는 쉽지 않았다.

그러던 중 회사는 한 가지 이상한 점을 발견했다. 엘리베이터를 구매한 거의 모든 건물의 주민이 불만을 쏟아내는 상황에서도 신기하게 오직 하나의 건물에서만 불만이 제기되지 않았던 것이다. 당연히 그 이유를 찾기 위해 해당 건물로 조사를 나갔는데 놀랍게도 바로 거울 때문이었다. 건물 관리인이 엘리베이터 안에 거울을 설치한 후 사람들의 불만이 사라졌다는 것인데 그것은 탑승한 사람들이 거울을 보느라 더이상 엘리베이터 속도에 관심을 갖지 않게 되었기 때문이다. 그후 회사는 모든 엘리베이터에 거울을 설치했고 이 방법으로 엄청난 금액과 시간을 벌 수 있었다.

교훈은 간단하다. 사람의 심리와 습관을 관찰하면 그것이 곧 사람들의 불만을 해결하면서 돈과 시간을 벌 수 있는 방법으로 이어진다는 것이다. 오티스사는 사람들의 작은 습관을 솔루션으로 제시함으로써 엄청난 금액을 아낄 수 있었다.

간호사의 투약조끼

사우스 샌프란시스코 병원에서는 연간 투약 실수에 의한 사고가

0.3% 수준으로 발생했다. 이는 세계적 수준의 병원치고는 너무 높은 수치였다. 당연히 투약을 하는 간호사들을 대상으로 실수를 줄이기 위한 다양한 노력을 해왔으나 번번이 헛수고로 끝나곤 했다. 간호사 교육이나 징계 혹은 포상 등의 방식으로는 원천적인 해결이 안 되었던 것이다.

그런데 의외의 방법으로 투약 실수는 절반 정도로 줄어든다. 바로 '투약조끼'를 입는 것이었다. 이것은 처음에는 오픈된 공간에서 투약을 해야 하는 간호사들의 업무 특성상 투약 중에 의사나 환자의 요청에 응해야 하는 일이 빈번했고, 그런 작업 환경에서 집중하고자 시작한 것이었다. 말하자면 업무 효율을 위한 시스템이었던 것인데 이 단순한 방법 덕분에 투약 실수가 6개월간 50% 이상 절감된 것이다.

처음에는 장애인용 조끼라며 착용을 거부하던 간호사들도 자신들의 업무 집중에 도움이 되는 것을 확인한 후에는 적극적으로 입게 되었고 곧 병원 전체로 확산되었다. 곧 이 '투약조끼'는 병원의 핵심 습관으로 자리잡게 되었다.

어떤 회사나 조직이든 개선해야 할 문제를 가지고 있다. 그 문제는 자세히 관찰하고 사람들의 심리만 잘 이용하면 의외로 쉽게 해결할 수 있는 것들이다. 단지 습관만 바꿔도 성과는 엄청나게 달라질 수 있다.

깨진 유리창 법칙

1969년 미국 스탠포드 대학의 필립 짐바르도(Philip Zimbardo) 교수는 매우 흥미로운 실험을 했다. 그는 허름한 골목에 중고차 2대를 일주일간 방치해 두었다. 한 대는 보닛만 열어놓고, 다른 한 대는 일부러 창문을 조금 깬 상태로 놓아두었다. 일주일 후 보닛을 열어둔 차는 어떤 변화도 없었다. 하지만 창문이 깨진 차는 배터리를 뜯어가고 타이어도 전부 없어져서 완전히 폐차가 되고 말았다.

단지 창문이 조금 깨진 것뿐인데 사람들이 고장나서 버린 차로 생각하여 마구 약탈하고 파손해 고물차가 되어 버린 것이다. 이 실험은 실험을 위해 사용된 자동차의 깨진 창문 때문에 '깨진 유리창의 법칙(The Rule of Broken Window)'이라는 이름이 붙여졌다.

이 실험은 사소한 것, 이른바 깨진 유리창 하나를 방치해 두면 그 지점을 중심으로 범죄가 확산되기 시작한다는 이론으로 가령 주위 환경이 전체적으로 더럽다면 사람들은 쉽게 오물을 버리지만 주위가 깨끗할 때에는 그러지 못하다는 것이다. 이는 자신들의 부적절한 행동이 다른 사람에 의해 쉽게 들통나기 때문이다.

우리는 공원이나 주택가 후미진 곳에 보안등이 없다면 그곳에 가기를 꺼린다. 그곳에서 범죄가 많이 발생할 거라고 짐작하고, 그 지역의 주민들은 그곳의 출입을 자제하게 된다. 이런 모습을 본 타 지역의 주민들은 이 지역에 대한 전체적인 이미지를 형성하게 된다.

실제 사례로 1980년대 중반부터 뉴욕시는 급속도로 빈민굴처럼 변질되어 갔다. 길거리는 지저분한 낙서투성이였고 지하철은 더럽고 위험했으며 범죄가 끊이질 않았다. 당시 여행객들에게 뉴욕에서 지하철은 절대 타지 말라는 말이 있을 정도로 지하철의 치안 상태가 형편 없었다. 여러 이유 중에서도 가장 큰 것은 뉴욕시 정부와 경찰이 이를 보고도 방치했기 때문이다.

1995년 온갖 강력 범죄가 난무하던 뉴욕에 범죄 없는 도시를 표방하며 취임한 뉴욕 시장 루디 줄리아니(Rudy Giuliani)는 강력한 의지를 가지고 뉴욕시의 정화 작업에 돌입했다. 먼저 뉴욕 지하철의 낙서를 근절하겠다고 선언했고 각종 경범죄를 단속해 나갔다. 이를 위해 뉴욕시 주요 거점에 CCTV를 설치해 낙서한 사람들을 끝까지 추적했다. 또 지하철 내부 벽을 깨끗하게 청소하고 범죄를 집중 단속하기 시작했다. 말하자면 '깨진 유리창 법칙'을 시 행정에 도입한 것이다.

시(市) 정부의 강력한 의지를 거듭 확인한 뉴욕 시민들은 자신들의 과거 행태를 바꾸기 시작했다. 그 결과 범죄 발생 건수가 급격히 감소해 '범죄 도시'라는 오명을 지우는 데 성공했다. 그리고 뉴욕은 다시 예전의 깨끗하고 살기 좋은 도시로 거듭났다. 바로 '깨진 유리창 법칙'이 적용된 결과다.

범죄 없는 도시를 표방하며 뉴욕 시장에 취임한 루디 줄리아니는 우선 시민들의 작은 습관을 바꿈으로써 결국은 자기가 약속한 범죄 없는 도시, 살기 좋은 도시로 뉴욕을 탈바꿈시킬 수 있었다.

그러면 비즈니스 분야에서 흔히 나타나는 깨진 유리창 현상의 몇 가지 특징을 살펴보자.

① 깨진 유리창 현상은 사소한 곳에서 주로 발생하며 예방이 쉽지 않다는 특징이 있다. 특히 이것은 직원의 눈에는 잘 보이지 않는다. 스스로 잘하고 있다는 자만심이 눈을 가리기 때문이다. 그러나 반대로 고객의 눈에는 너무나 잘 보인다는 것이 문제다.

② 어떤 문제는 그 문제가 커진 이후에 해결하려면 몇 배의 노력과 시간이 필요하다. 더구나 깨진 유리창은 기업의 이미지에 타격을 주기 때문에 이미 망가진 이미지를 원래대로 회복하기는 매우 어렵다.

③ 깨진 유리창 현상, 즉 나쁜 것은 숨기려 해도 여전히 잘 보인다. 그러므로 임시방편이나 부적절한 대응은 상황을 오히려 더 악화시킬 수 있다. 왜냐하면 고객들이 항상 지켜보고 있기 때문이다

④ 깨진 유리창이 확인되더라도 보통은 그것을 소홀하게 대응한다. 처음에는 매우 사소해 보이기 때문에 이 정도쯤이야 큰 문제가 되지 않는다고 생각하여 소홀하게 대응하고, 그 결과 이후 문제가 더 커지는 것이다.

⑤ 가장 중요한 점은 깨진 유리창을 제대로 수리하고 예방하면 더 큰 보상을 얻을 수 있다는 것이다.

그렇다! 사과상자 안에 썩은 사과가 하나라도 있으면 나머지 사

과도 모두 썩게 된다. 그러면 깨진 유리창 중 가장 치명적인 것은 무엇일까? 바로 고객을 무시하는 행위다. 이것은 정말 치명적인 결과를 야기한다.

1980년대 코카콜라는 시대 흐름에 맞춘다는 미명 아래 주력 제품을 '뉴 코크'로 바꾸려는 계획을 세웠다. 그런데 기존의 코카콜라를 버리고 뉴 코크가 출시되자 고객들이 반발하고 매출이 곤두박질쳤다. 이로 인해 코카콜라는 미국 시장점유율 1위를 라이벌 회사인 펩시에게 빼앗겼다.

결국 코카콜라는 뉴 코크를 버리고 '코카콜라 클래식'으로 되돌아와서야 다시 시장점유율 1위를 차지할 수 있었다. 고객을 무시하는 행위의 대가가 컸던 것이다. 그처럼 허술한 고객 서비스는 사소한 문제처럼 보이지만 가랑비에 옷 젖는 식으로 큰 기업도 무너뜨릴 수 있다는 교훈을 준다.

기업에서는 숨 막히는 경쟁에서 이기기 위해 한 치의 실수도 용납하지 않도록 교육과 훈련을 강화해야 한다. 하지만 유리창이 깨지지 않도록 하는 것 못지않게 깨진 유리창을 빨리 발견하여 새 유리창으로 즉시 교체하는 것 또한 중요하다. 왜냐하면 아무리 열심히 관리해도 유리창은 깨지기 때문이다. 한 바구니에 들어 있는 썩은 사과를 빨리 골라내야 나머지 멀쩡한 사과를 온전히 보존할 수 있는 이치와 같다.

'깨진 유리창의 법칙'을 비즈니스 세계에도 제대로 접목시켜야 한다. 고객이 겪은 단 한 번의 불쾌한 경험, 단 한 명의 불친절한 직원, 매장의 벗겨진 페인트칠 등 기업의 사소한 실수가 결국은 기업의 앞날을 뒤흔들 수 있기 때문이다.

무인양품의 인사하기

무인양품(無印良品, MUJI)은 1980년 일본에서 설립된 회사다. '브랜드 없는 좋은 제품'이라는 캐치프레이즈로 생활용품과 가구, 의류 등을 판매하는 라이프스타일 전문점이다. 이름에 걸맞게 브랜드와 화려한 무늬를 빼고 제품의 실용성에 집중한 것이 특징이다. 2018년 5월 현재 아시아와 북미, 유럽 등에 매장을 갖고 있으며 한국에서도 여의도 IFC몰과 신촌을 비롯해 29개 매장을 운영하고 있다.

무인양품은 '브랜드가 없는 브랜드'라는 역발상을 바탕으로 생활용품으로 시작하여 패션과 카페, 서점, 호텔 등으로 사업 영역을 확장하고 있으며 실적 역시 매년 두 자릿수 이상의 영업이익 증가율을 기록할 정도로 성장세가 이어질 것이라는 전망이다.

무지(MUJI)의 이런 성장 밑바탕에는 '인사하기'를 조직의 핵심 습관으로 강조하는 문화가 자리하고 있다. 부서장은 매일 '인사 잘하기 체크리스트'를 가지고 부서원들에게 확인을 받아서 제출해야 한다. 말하자면 전 세계 어디를 가든 똑같이 높은 품질의 서비스를 제공하는 것을 목표로 하는 무인양품의 경쟁력은 조직 구성원 모두의 핵심 습관에서 시작됐다고 할 수 있다.

매일 부서장이 직원들을 찾아다니며 '오늘 만난 고객에게 큰 소리로 인사를 했느냐?'라고 물어보는 모습을 상상해 보라. 이 회사가 경영 가치를 어디에 두는지 알 수 있다. 무인양품이 조직의 핵심가치를 실현하기 위해 어느 정도의 노력으로 핵심 습관을 형성해 가고 있는지 알 수 있는 대목이다.

사실 어떤 기업이나 조직 혹은 개인이든 무인양품에서 하는 것처럼 가장 중요한 가치 한 가지를 정해 이것이 습관이 되도록 집중한다면 이루지 못할 것은 없다. 당연한 이야기지만 여러 가지를 동시에 시작하면 중간에 포기하기 쉽다. 그러나 한 번에 한 가지씩 3개월 이상 집중해서 핵심 습관 형성 프로그램을 진행한다면 조직의 구석구석에 퍼질 것이다.

어느 경우를 막론하고 습관을 바꾸는 것은 고통스러운 작업이다. 개인도 그런데 조직은 더더욱 그럴 것이다. 습관을 없애는 것도 힘들고 새롭게 시작하는 것도 힘들다. 그러나 분명한 것은 습관을 비켜 나가서 할 수 있는 일은 많지 않다는 것이다. 핵심 습관이 그 조직의 정체성을 규정하기 때문이다.

당신은 어떤 습관을 가졌는가? 당신 회사는 어떤 문제를 가지고 있는가? 혹시 그 문제가 사람들의 심리를 이용해서 해결할 수 있는 문제인지 파악해 보았는가?

핵심가치를 습관화한다는 것은 4차 산업혁명 시대에 큰 의미를 가진다. 왜냐하면 기술이 빠르게 발전하고 있음에도 한계 역시 분명히 있기 때문이다.

예컨대 우리가 잘 알고 있는 인공지능인 알파고는 이세돌과의 승부에서 이세돌이 사용하는 에너지의 5만 배를 사용했다고 한다. 이해가 되는가? 무려 5만 배다. 말하자면 인간 이세돌 한 명의 에너지와 5만 배의 에너지를 쓴 알파고가 싸운 것이다.

또 있다. 안전성이 확보된 자율주행 자동차의 운행을 위해서는 자동차 한 대당 하루에 20TB(테라바이트)의 정보처리 용량이 필요하다고 한다. 천문학적인 정보처리 용량인데 우리는 운전하면서 그렇게 어마어마한 에너지를 쓰지는 않는다. 인간이 습관적으로 하는 행동들이 얼마나 큰 에너지를 요하는 일인지를 잘 보여주는 수치다.

창의적인 것과 재발견은 같다

책을 마무리하면서 인용하려는 짧고 재미있는 이야기에는 '창의적으로 일을 한다는 것이 얼마나 의미가 있는가?'라는 메시지를 담고 있다. 사실 이것은 강조할 필요도 없다. 왜냐하면 사업을 해서 많은 돈을 벌거나 책을 쓰거나 혹은 운동을 하거나 간에 원하는 것이 무엇이든 핵심 습관과 함께 창의력의 가치는 재론의 여지가 없을 것이기 때문이다.

미국 워싱턴에는 제3대 대통령인 토머스 제퍼슨 기념관이 있다. 그런데 이 기념관의 외곽 벽이 심하게 부식되는 일이 발생해 조사를 해보니 대리석을 너무 과하게 청소한다는 사실이 밝혀졌다. 기념관장은 직원들에게 왜 그렇게 자주 청소를 하는지를 물었다. 그러자 직원들에게서 뜻밖의 대답이 나오게 된다. 이유는 비둘기들의 배설물 때문이었다.

"그러면 비둘기들은 왜 기념관에 많이 몰려드는 걸까?"

그것은 바로 비둘기의 먹잇감인 거미가 기념관에 많기 때문이었다.

"왜 거미는 그렇게 많은 것인가?"

기념관에 거미들이 많은 이유는 나방 때문이었다. 나방이 많이 날아들어 나방을 먹고 사는 거미가 많이 몰려들었던 것이다.

"그래? 왜 그토록 많은 나방이 생기는 것일까?"

그것은 알고 보니 해질녘에 켜놓은 기념관 불빛이 나방을 끌어모았던 것이다. 이제 해결책을 찾았다. 그 후 제퍼슨 기념관은 외곽 조명을 두 시간 늦게 켰다. 나방이 모이는 시간대에 불을 켜지 않으니 나방이 날아들지 않았고 자연히 거미도 없어지면서 비둘기 역시 몰려들지 않았다. 결국 기념관 벽의 부식을 막는 해결책은 외곽 조명을 두 시간 늦게 켜는 것이었다.

제퍼슨 기념관 사례는 우리에게 많은 시사점을 안겨준다. 우리는 어떤 문제가 발생하면 (돈을 투자하여) 눈에 보이는 일을 먼저 하려는 경향이 있다. 그러나 관찰과 혁신적인 사고를 통하면 많은 비용을 투입하지 않고도 문제를 해결할 수 있다. 이것이 곧 창의적 문제해결 방법이 아닐까? 어떤 문제에 직면했다면 먼저 해야 할 일은 문제를 관찰하고 질문하고 사고하는 것이다. 수많은 질문과 집요한 관찰을 통해 해결책을 찾아내는 것이다.

사람들은 보통 '창의성'이라고 하면 세상에 없는 새로운 것을 발견하거나 창조하는 것이라고 생각한다. 이 부분은 새로운 해석이 필요하다. 예컨대 창의적인 것이 일반적인 생각, 즉 세상에서 한 번도 듣도 보도 못한 새로운 것이라면 세상에는 아마 창의적인 인물이나 산물들이 존재하지 않을지도 모른다. 그래서 창의성에 대해 'Reinventing'으로 정의하는 것은 옳다. 즉, 창의적인 일을 한다는 것은 '재발견'하는 것과 같다.

그렇다!! 우리가 살고 있는 현 시대는 과거 어느 때보다 변화 속도가 빠르다. 변화는 매일 일어나고 있으며 그 결과 하루가 다르게 변화하는 세상 속에서 살고 있는 것이다. 이 말은 곧 미래는 늘 변할 수 있으므로 상황에 맞게 잘 대처해야 한다는 뜻인데 이런 변화를 적절히 받아들이고 창의적으로 대처했을 때만이 변화무쌍한 세상에서 낙오자가 되지 않는다는 함의를 내포하고 있다.

마키아벨리는《군주론》에서 이렇게 충고한다.

"사람은 누구나 자기가 처한 시대 상황을 잘 고려하고 그 시대에 순응해서 행동해야 한다. 시대의 조류를 잘못 판단하거나 선천적 기질에 따라 행동하는 사람은 실패하고, 시대의 대세에 잘 적응하는 사람은 성공한다."

지금 시대에 꼭 맞는 적절한 충고임에 분명하다. 특히 일찍이 경험하지 못했던 4차 산업혁명이라는 대 소용돌이 속에서 부와 일자리를 둘러싼 '게임의 룰(rule)'이 바뀌고 있는 요즘이기에 그의 충고가 더욱 절실히 다가온다.

대부분의 사람이 어떤 것을 무심코 보고 지나갈 때 어떤 사람은 그것을 새롭게 해석해서 새로운 의미를 부여하고 새로운 가치를 창출한다. 그런 자세가 습관이 된다면 어떤 결과를 야기할지 예상하는 것은 그리 어렵지 않다. 그러므로 단지 보여주는 방식이 아닌 문제해결을 위한 과정으로서 창의적으로 일하는 방식을 습관화하는 것이 4차 산업혁명 시대를 준비하는 우리의 자세가 되어야 한다.

참고문헌 목록

고미야 가즈요시, 《프로의 경지》, 다산북스, 2013

구대환, 《비트코인 투자로 매월 1억 번다》, 국일증권연구소, 2017

김정수, 《굿바이 흙수저》, 도서출판 라인, 2016

김정수, 《나폴레온 힐 행동이 답이다》, 중앙경제평론사, 2015

김정수, 《백만장자 길잡이》, 도서출판 라인, 2014

김정수, 《정상을 훔쳐라》, 중앙경제평론사, 2013

김철수, 《작고 멋진 발견》, 더퀘스트, 2018

김태수, 《51% 게임 손자병법》, 미래를 소유한 사람들, 2011

김현철, 《어떻게 돌파할 것인가》, 다산북스, 2015

다이앤 멀케이, 《긱 이코노미》, 더난출판, 2017

도널드 트럼프, 《억만장자 마인드》, 청림출판, 2008

로버트 멘셜, 《시장의 유혹, 광기의 덫》, 에코 리브르, 2005

롭 무어, 《레버리지》, 다산3.0, 2017

마이클 레빈, 《깨진 유리창 법칙》, 흐름출판, 2006

마크 티어, 《워렌 버핏과 조지 소로스의 투자습관》, 국일증권연구소, 2006

미토 세츠오, 《도요다의 영웅들》, 지평, 2007

박찬희 · 한순구, 《게임의 법칙》, 케이북스, 2005

세스고딘, 《이카루스 이야기》, 한국경제신문, 2014

스즈키 히로키, 《전략의 교실》, 다산북스, 2015

안무정, 《4차 산업혁명을 주도할 6가지 코드》, 나비의활주로, 2018

알 리스 · 잭 트라우트, 《마케팅 불변의 법칙》, 비즈니스맵, 2008

앤드류 레키, 《돈은 나에게 길을 묻는 손님이다》, 21세기북스, 2001

앨빈 토플러 · 하이디 토플러, 《부의 미래》, 청림출판, 2006

앨빈 토플러, 《제3의 물결》, 한국경제신문, 1992

윌리엄 J. 오닐, 《최고는 무엇이 다른가》, 지식의 날개, 2004

이비에스 제작팀, 《다큐프라임 자본주의》, 가나출판사, 2013

이준영, 《1코노미》, 21세기북스, 2017

잭 트라우트 · 알 리스, 《마이 포지셔닝》, 다산북스, 2004

조선일보 위클리비즈 팀, 《미래의 목격자들》, 어크로스, 2011

존 네이스비트, 《메가트렌드 제4의 물결》, 아름다운사회, 1996

존 리, 《왜 주식인가?》, 이콘, 2012

존 템플턴, 《존 템플턴의 성공론》, 굿모닝북스, 2006

최진기, 《한 권으로 정리하는 4차 산업혁명》, 이지퍼블리싱, 2018

최창순, 《본질의 발견》, 틈새책방, 2017

키 애런 파커 · 게리 그리핀, 《탐욕의 경제학》, 북플래너, 2007

톰 피터스, 《미래를 경영하라》, 21세기북스, 2005

피에르 벨메르 등, 《대 범죄 이야기》, 도서출판 새날, 2000

피터 드러커, 《드러커 100년의 철학》, 청림출판, 2004

JEFF OLSON, 《슬라이트 앳지》, SUCCESS, 2015

기타 Daum, Google, Naver 등에서 참조

중앙경제평론사 Joongang Economy Publishing Co.
중앙생활사 | 중앙에듀북스 Joongang Life Publishing Co./Joongang Edubooks Publishing Co.

중앙경제평론사는 오늘보다 나은 내일을 창조한다는 신념 아래 설립된 경제 · 경영서 전문 출판사로서
성공을 꿈꾸는 직장인, 경영인에게 전문지식과 자기계발의 지혜를 주는 책을 발간하고 있습니다.

4차 산업혁명시대 누가 돈을 버는가

초판 1쇄 인쇄 | 2019년 1월 3일
초판 1쇄 발행 | 2019년 1월 7일

지은이 | 김정수(JyungSoo Kim)
펴낸이 | 최점옥(JeomOg Choi)
펴낸곳 | 중앙경제평론사(Joongang Economy Publishing Co.)

대　　표 | 김용주
책임편집 | 김미화
본문디자인 | 김경아

출력 | 한영문화사　종이 | 에이엔페이퍼　인쇄 · 제본 | 한영문화사

잘못된 책은 구입한 서점에서 교환해드립니다.
가격은 표지 뒷면에 있습니다.

ISBN 978-89-6054-211-2(03320)

등록 | 1991년 4월 10일 제2-1153호
주소 | ㉪ 04590 서울시 중구 다산로20길 5(신당4동 340-128) 중앙빌딩
전화 | (02)2253-4463(代)　팩스 | (02)2253-7988
홈페이지 | www.japub.co.kr　블로그 | http://blog.naver.com/japub
페이스북 | https://www.facebook.com/japub.co.kr　이메일 | japub@naver.com
♣ 중앙경제평론사는 중앙생활사 · 중앙에듀북스와 자매회사입니다.

※ 이 도서의 국립중앙도서관 출판시도서목록(CIP)은 서지정보유통지원시스템 홈페이지(http://seoji.nl.go.kr)와
국가자료공동목록시스템(http://www.nl.go.kr/kolisnet)에서 이용하실 수 있습니다.(CIP제어번호: CIP2018037627)

중앙경제평론사에서는 여러분의 소중한 원고를 기다리고 있습니다. 원고 투고는 이메일을 이용해주세요.
최선을 다해 독자들에게 사랑받는 양서로 만들어 드리겠습니다. **이메일 | japub@naver.com**